Dieter Steuten

Ein Social Network für die Hosentasche: Entwurf und Implementierung einer MIDP-Applikation zur Unterhaltung eines Sozialen Netzwerkes

Diplomica® Verlag GmbH

Steuten, Dieter: Ein Social Network für die Hosentasche: Entwurf und Implementierung einer MIDP-Applikation zur Unterhaltung eines Sozialen Netzwerkes, Hamburg, Diplomica Verlag GmbH 2010

ISBN: 978-3-8366-9368-4
Druck: Diplomica® Verlag GmbH, Hamburg, 2010

Bibliografische Information der Deutschen Nationalbibliothek:
Die Deutsche Nationalbibliothek verzeichnet diese Publikation in der Deutschen Nationalbibliografie; detaillierte bibliografische Daten sind im Internet über http://dnb.d-nb.de abrufbar.

Die digitale Ausgabe (eBook-Ausgabe) dieses Titels trägt die ISBN 978-3-8366-4368-9 und kann über den Handel oder den Verlag bezogen werden.

Danksagung

So weit zu kommen und mein Studium mit dieser Arbeit

abschließen zu können, ist der Verdienst einer weiteren Person.

Ich danke meiner Frau Katrin für

ihre Geduld, Zuversicht und Unterstützung.

Inhaltsverzeichnis

1   Einleitung

Die Zeit des Personal Computers ist abgelaufen! Genauso, wie vor 20 Jahren die großen, teuren und seltenen Mainframes zu PCs miniaturisiert, verbilligt und in Massen produziert wurden, wiederholt sich die Geschichte heute bei den mobilen Endgeräten. Zum jetzigen Zeitpunkt existieren mehr Mobiltelefone als stationäre PCs[1], und diese Masse leistungsfähiger, mobiler Endgeräte besitzt, ebenso wie die Personal Computer zur damaligen Zeit, ein enormes Potential.

Am Erfolg des iPhone von Apple lässt sich ablesen, dass vielfältige Benutzerprogramme für Mobiltelefone nicht nur möglich, sondern auch vom Kunden nachgefragt sind. Der „App Store", das Online-Geschäft von Apple für Applikationen aller Couleur für das iPhone, stellt für 21 Millionen Anwender 85.000 Applikationen bereit[2] und erzielt einen Umsatz von einer Million Dollar pro Tag[3]. Hersteller anderer mobiler Endgeräte sind im Begriff, dieses Konzept zu kopieren. Aber sie können mit proprietären Konzepten nur einen Teil dieses Potentials ausschöpfen.

Die unschlagbaren Vorteile mobiler Endgeräte sind ihre Nähe zum Benutzer, ihr einfacher Zugang zu der Hardware durch die Programmierung in einer Hochsprache wie Java sowie ihre Leistungsfähigkeit auf kleinstem Raum.

Eine gute Anwendung, die von diesen Vorteilen profitiert, wird gerade energisch von vielen gesucht. Diese Arbeit hat nicht das Ziel, eine „Killerapplikation" zu liefern. Sie möchte vielmehr den evolutionären Schritt von PIM-Anwendungen (Personal Information Manager: Adressbuch, Kalender, Notizen) auf Handys hin zu einer aktuellen Web 2.0 Anwendung aufzeigen und eine solche Anwendung mit Hilfe etablierter, einfacher und lizenzfreier Techniken entwerfen und beispielhaft implementieren.

Da das Thema Web 2.0, insbesondere die Teilnahme an sogenannten „Sozialen Netzwerken" für immer mehr Menschen sowohl im Beruf als auch im Freizeitbereich an Bedeutung gewinnt, wurde für diese Arbeit die Implementierung eines

---

[1]International Telecommunication Union: The World in 2009 - Information and communication technology facts and figures. (06.10.2009), URL: http://www.itu.int/ITU-D/ict/material/Telecom09_flyer.pdf

[2]Apple press release: Apple's App Store downloads top two billion. (28.09.2009), URL: http://www.apple.com/pr/library/2009/09/28appstore.html

[3]Fügemann, Florian: pressetext : iPhone-Software bringt Apple eine Mio. Dollar Umsatz am Tag. (11.08.2008), URL: http://www.pressetext.de/news/080811015/iphone-software-bringt-apple-eine-mio-dollar-umsatz-am-tag/

Programms zur Unterhaltung eines Sozialen Netzwerks für javafähige Mobiltelefone (MIDP-Geräte) als Thema gewählt.

In Kapitel 2 wird kurz der Begriff des Sozialen Netzwerks erklärt und die Verbreitung derartiger Internetangebote beschrieben, wobei insbesondere beleuchtet wird, inwiefern sich etablierte Soziale Netzwerke mittels mobiler Endgeräte nutzen lassen.

Im dritten Kapitel werden daraus resultierend die grundsätzlichen Erfordernisse der geplanten Applikation festgehalten.

In den Kapiteln 4 bis 8 werden alle für diese Arbeit relevanten Techniken aufgezählt und im Kontext dieses Themas beschrieben.

Das neunte Kapitel zeigt Schritt für Schritt die konkrete Implementierung aller genannten Techniken, um die Entwicklung von Applikationen für Handys übersichtlicher darzustellen.

Im abschließenden Fazit werden die Chancen und Schwierigkeiten der erstellten Applikation kritisch untersucht. Dabei wird insbesondere die Frage behandelt, inwieweit der Einsatz der vorgestellten Applikation praktikabel ist.

2   Soziale Netzwerke

Social network services (englischer Originalbegriff) sind im Internet zu einem ge-
meinsamen Thema oder Tätigkeit organisierte Nutzergemeinschaften (Musiker,
Studenten, Fotografen oder ähnliches). Soziale Netzwerke bieten ihren Benutzern
Werkzeuge für das Verwalten und Publizieren ihres produzierten Inhalts (Texte,
Lieder, Fotos oder ähnliches) und eine Plattform, um diese Inhalte mit anderen
Benutzern teilen zu können. Weiterhin zeichnen sich diese Netzwerke durch die
Möglichkeit aus, Beziehungen zwischen den einzelnen Teilnehmern oder ganzen
Gruppen von Teilnehmern herzustellen. Aktuelle Soziale Netzwerke wie facebook,
xing oder studiVZ sind solche Nutzergemeinschaften. Die nachfolgende Abbil-
dung zeigt einige der bekannten Sozialen Netzwerke und deren Nutzerzahlen[4].

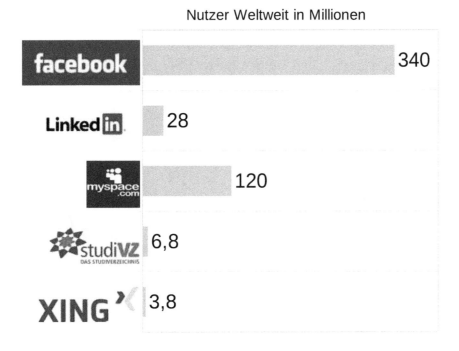

Abbildung 1: Ausgewählte Soziale Netzwerke und deren Nutzerzahlen

---

[4]Compass Heading: Aktuelle Zugriffszahlen Sozialer Netzwerke. (02.08.2009), URL: http://www.compasshea-
ding.de/cms/tag/nutzerzahlen/

Ihr größtes Manko ist jedoch, dass die Beziehungen zu anderen Personen nur an einem Personal Computer inklusive Internetverbindung dargestellt werden können. Das agile Potential der Netzwerke kann dadurch nicht voll ausgenutzt werden. Einige der am Markt etablierten Betreiber von Netzwerken haben Anwendungen für mobile Endgeräte (hauptsächlich für das iPhone von Apple) herausgebracht, die dem Nutzer einen weiteren Client zur Nutzung des Sozialen Netzwerks bereitstellen.

Meiner Ansicht nach ist eine schlichte Übersetzung des Browser-Clients zur Nutzung des Netzwerks auf ein mobiles Endgerät nicht zweckmäßig, da es nicht die Leistungsfähigkeit und die Übersichtlichkeit eines Personal Computer mit großem Monitor bieten kann und die Bedienung immer unpraktisch bleibt. Weiterhin gehen diese Clients davon aus, dass der Nutzer mit seinem Endgerät eine ständige Internetverbindung unterhält. Dies ist aber häufig mit zusätzlichen Kosten verbunden. Das zur Zeit günstigste Angebot verteuert mit mindestens 10 Euro je Monat den regulären Handyvertrag[5].

Meines Erachtens ist das der hemmende Faktor für die Verbreitung eines Clients zur Unterhaltung eines Sozialen Netzwerks. Die Betreiber der Sozialen Netzwerke machen es sich zu einfach, wenn sie den Nutzer über eine nicht zwingend notwendige, kostenpflichtige Infrastruktur an die eigenen Dienste binden.

---

[5]O2 online: Internet-Pack-M : Die Flatrate für Handy-Surfer. (20.07.2009), URL: http://portal.o2online.de/nw/active/handy/handy-surfen.html

3   Applikation

3.1 Funktionsweise

Der Grundgedanke, eine Applikation zur Unterhaltung eines Sozialen Netzwerks auf Mobilgeräten zu entwickeln und zu implementieren liegt darin begründet, das die Bedienung eines solchen Netzwerkes nicht ausschließlich auf einen stationären Personal Computer angewiesen sein muss.

Aktuelle Handys sind in der Lage, den Nutzen von Sozialen Netzwerken zu erweitern , indem sie dem Benutzer Mobilität bieten. Der Client, der in dieser Arbeit entworfen wird, überträgt die Funktionalität eines Sozialen Netzwerkes in eine mobile Umgebung. Die größte Neuerung, die dem mobilen Einsatz Rechnung trägt, ist, dass die Statusmeldung „ist online" durch „ist in meiner Nähe" ersetzt wird. Der Nutzer kann auf einen Blick sehen, welche Personen im Netzwerk, gleich ob Freunde oder Fremde, sich auf der selben Veranstaltung (Festivals, Diskotheken oder ähnliches) befinden, um sie sofort ansprechen zu können.

Damit dies verwirklicht werden kann, soll die zu entwerfende Anwendung folgendes leisten:

- Die Aufnahme bestehender Benutzerdaten einer Person aus einem existierenden Sozialen Netzwerk.

- Die eigenständige Verbindungsaufnahme zu anderen mobilen Endgeräten.

- Der eigenständige Austausch, die Verarbeitung und die Darstellung von Benutzerdaten.

Für eine solche Anwendung sind nur wenige Daten vonnöten, um ein Soziales Netzwerk auf Mobilgeräte zu implementieren. Welche das sein könnten zeigen die Kapitel „Benutzerdaten" und das Kapitel „Datenklassen". Die abschließende Auslieferung dieser Anwendung inklusive der individuellen Benutzerdaten (aus einem bestehendem Sozialen Netzwerk) wird durch einen Automatismus (Script) realisiert, so dass dies später auf dem Server eines Betreibers von Sozialen Netzwerken ausgeführt werden kann.

Diese Arbeit beschreibt nicht den Aufbau eines eigenen Sozialen Netzwerks. Es soll vielmehr eine lauffähige Erweiterung bestehender Netzwerke für mobile Endgeräte entstehen.

3.2 Geräteanforderungen

Die oben genannte Funktionsweise der Applikation ist nur durch die Verwendung einer Programmiersprache und einer drahtlosen Geräteverbindung zu erreichen.

Eine Verbindungsmöglichkeit wäre die Kopplung der individuellen Endgeräte an den Server des Betreibers eines Sozialen Netzwerks per ständiger Internetverbindung. Auf Grund der bereits erwähnten Kosten schließe ich diese Variante aus. Weitere Funktechnologien für den Datenaustausch sind Wireless Local Area Network (WLAN) und Bluetooth. Bei dieser Arbeit bleibt die Verbindungsmöglichkeit per WLAN außen vor, denn aufgrund des höheren Stromverbrauchs ist sie bei Mobilfunkgeräten nicht so häufig anzutreffen wie Bluetooth.

Der Titel dieser Arbeit („MIDP") nimmt schon vorweg, das die Wahl der Geräteklasse, der Laufzeitumgebung für Anwendungen und somit die Programmiersprache JavaME bereits getroffen wurde. Die genaue Definition dazu folgt in Kapitel 4.

Einige weitere Betriebssysteme für mobile Endgeräte, womit meistens auch die Geräteklasse definiert wird, werden an dieser Stelle kurz erwähnt.

- Apple iPhone OS
- Microsoft Windows Mobile
- Palm OS
- Palm webOS
- Symbian OS
- Android

Die propagierte Plattformunabhängigkeit von Java besitzt auch auf mobilen Endgeräten Gültigkeit, denn fast alle oben aufgeführten Betriebssysteme binden ebenfalls eine Virtuelle Maschine ein, um eine Laufzeitumgebung für JavaME Anwendungen zu bieten. Je nach Herstellerphilosophie werden aber andere Programmiersprachen präferiert. Die Anforderungen: Java und Bluetooth zu bieten, erfüllen zweieinhalb Milliarden mobilen Endgeräte[6]. Demnach könnte die in dieser Arbeit entworfene Anwendung auf circa 63% aller Mobiltelefone weltweit genutzt werden.

---

[6]Ritter, Simon: What's New in JavaME : MIDP 3.0, BluRay, LWUIT and more. (2009), URL: http://developers.-sun.com/events/techdays/presentations/locations-2008/saopaulo/java_socialcomputing/td_br_javamebluray_ritter.pdf

3.3 Benutzerdaten

Der Dreh- und Angelpunkt eines jeden Sozialen Netzwerks und daher auch immer
der erste Schritt für den Anwender, ist die Erstellung seines Benutzerprofils. Dazu
werden in unterschiedlicher Ausführlichkeit Daten in den Datenbanken der Betreiber hinterlegt.

Als Mindestanforderung gelten bei den meisten Netzwerken folgende Daten:

- ID (vom Betreiber vergeben und eindeutig)

- Benutzername (selbst gewählt)

- Benutzerbild (selbst gewählt)

Dieser Basisdatensatz repräsentiert den Benutzer ausreichend individuell um das
Netzwerk zu nutzen (Freunde suchen, mit anderen Chatten oder ähnliches).

Bei der hier vorgestellte MIDP-Anwendung sind diese Daten ebenfalls essentiell
und grundlegend. Dennoch ist nicht vorgesehen, dass die benötigten Profildaten
auf dem MIDP-Gerät erzeugt werden. Erzeugt werden sie wie gehabt beim Betreiber des Sozialen Netzwerks und nachträglich der Applikation beim Auslieferungs-
vorgang beigefügt (Kapitel 9.5). Der Benutzer bekommt auf diese Art eine perso-
nalisierte MIDP-Anwendung. Der Vorteil besteht bei dieser Vorgehensweise darin,
dass der Benutzer auf gewohnte Art und Weise das Soziale Netzwerk nutzen kann
und er bei der Nutzung der MIDP-Anwendung nicht von unkonventionellen Benutzerschnittstellen überfordert wird, um seine Daten zu erzeugen und zu verwalten.

4 Java Plattform Micro Edition

4.1 Übersicht

Neben der Java Plattform JavaCard sind drei starke Java Ausführungen im Gebrauch:

- Java Plattform Micro Edition   (JavaME)
- Java Plattform Standard Edition   (JavaSE)
- Java Plattform Enterprise Edition   (JavaEE)

Diese Unterscheidung wurde getroffen, um Java den verschieden Einsatzbereichen anzupassen. Der Einsatzbereich dieser Arbeit ist auf ein mobiles Endgerät beschränkt, welches eine ganz andere Geräteklasse darstellt als ein Internetserver bei JavaEE oder ein Personal Computer bei JavaSE.

Grundlegende Kenntnisse über Java sind für ein Arbeiten mit JavaME Voraussetzung.

Wie alle Java Ausführungen ist auch JavaME durch die Java Specification Request (JSR) standardisiert. Eine vollständige Übersicht aller JSR für JavaME ist bei Sun Microsystems[7] zu finden.

JavaME kann als eine Sammlung solcher JSR bezeichnet werden. Für den besseren Programmentwurf und zur späteren Installation ist es sinnvoll, einander bedingende JSR zu Stapeln, sogenannten Stacks, zusammen zu fassen und als nötige Voraussetzung

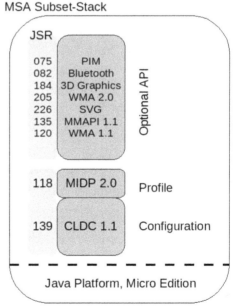

Abbildung 2: Teil der MSA-Spezifikation

---

[7]Sun Microsystems: Java Specification Request for JavaME., URL:

für die Lauffähigkeit eines Midlet zu beschreiben. Abbildung 2 zeigt den aktuell am meisten verwendeten Mobile Service Architecture Specification Teilstapel (JSR 248), der das Leistungsspektrum aktueller Handys sehr gut beschreibt. Die optionalen Schnittstellen, je nach Hersteller, werden zusätzlich zu JavaME implementiert.

Connected, Limited Device Configuration (CLDC 1.1) und Mobile Information Device Profile (MIDP 2.0) bilden die einfachste Basis zur Ausführung von Java Anwendungen und stellen die minimalsten Hardwareanforderungen. MIDP wird (wie im Titel dieser Arbeit) auch als Synonym für eine ganze Gerätegattung benutzt, da damit die Aussage getroffen wird, was diese Geräte leisten können.

Die Konfiguration CLDC 1.1[8] zuzüglich dem Profile MIDP 2.0[9] verlangt mindestens:

- Einen Bildschirm mit der Auflösung von 96 mal 54 Punkten bei einer Farbtiefe von einem Bit.

- Mindestens eine Technik zur Benutzereingabe (Touchscreen, Tastatur oder ähnliches)

- Bidirektionaler, drahtloser Netzwerkanschluss

- Soundwiedergabe

- Speicheraufbau nach folgendem Schema:

Nichtflt. Speicher für CLDC 1.1	192KB
Nichtflt. Speicher für MIDP	56KB
Nichtflt. Speicher zur Anwendungsverfügbarkeit (RMS, o.ä.)	8KB
Flüchtiger Speicher zur Java Laufzeit (Java Heap, o.ä.)	128KB
Insgesamt	384 KB

Die Basis aus Configuration und Profile beinhaltet ebenfalls eine Virtuelle Java Maschine als Laufzeitumgebung in der CLDC und ein Grundgerüst aus Java Programmierschnittstellen in der CLDC und dem MIDP. Die Kernbibliotheken `java.lang` und `java.util` sind aus JavaSE bekannt, ebenso die Ein- und Ausgabebibliothek `java.io` (ohne optionale APIs). Eine weitere Änderung der Schnittstellen, im Vergleich zu JavaSE, ist ihr stark reduzierter Umfang. In der CLDC 1.0 fehlen alle

---

http://java.sun.com/javame/technology/jcp.jsp

[8]Sun Microsystems: Java Specification Requests JSR 139 : Connected Limited Device Configuration 1.1., URL: http://jcp.org/en/jsr/detail?id=139

[9]Sun Microsystems: Java Specification Requests JSR 118 : Mobile Information Device Profile 2.0., URL: http://jcp.org/en/jsr/detail?id=118

Funktionen von und zu Fließkommazahlen, dies betrifft ebenfalls Rechenfunktionen aus `java.lang.Math`. Weiterhin wurden die `toString()` Methoden aus `java.util.Date` gestrichen.

JavaME ist dabei nicht nur eine reduzierte Version von JavaSE. Ein „JavaSE light" hätte auch keine eigene Java Plattform gerechtfertigt. Für ein stimmiges JavaME sind Klassen und Interfaces neu implementiert worden.

„Klassen und Interfaces außerhalb der JavaSE dürfen den Namensraum java.* nicht benutzen"[10]. JavaME ist daher um die Schnittstelle `javax.microedition.*` erweitert worden. Das Generic Connection Framework (Kapitel 6.4) in `javax.microedition.io` ist in der CLDC angesiedelt, alle weiteren Klassen und Interfaces der Schnittstelle `javax.microedition.*` im MIDP, darunter auch die optionalen Schnittstellen der jeweiligen Hersteller.

In der aktuellen Configuration CLDC 1.1 ist ein Großteil der oben genannten Beschränkungen wieder aufgehoben worden, da die Hardware heute die Arithmetik mit Fließkommazahlen beherrscht und die aufwändigen Operationen einiger Klassen auf MIDP-Geräte spezialisiert wurden.

Die Einheit, die alle diese Bibliotheken verarbeitet, ist die „K Virtual Machine" (KVM), eine Abwandlung der unter Java verwendeten „Java Virtual Machine" (JVM). Abgewandelt bedeutet, dass die KVM kein `finalize()` für Objekte besitzt. Für das endgültige Löschen nicht mehr benutzter Objekte beziehungsweise ihrer Referenzen aus dem Speicher hat der Entwickler/Programmierer selbst zu sorgen, indem er den Garbage Collector: `System.gc()` manuell aufruft. Weiterhin ist es der KVM nicht möglich, dynamisch, also zur Laufzeit weitere Programmteile (Klassen) nachzuladen.

---

[10]Schmatz, Klaus-Dieter: Java Micro Edition : Entwicklung mobiler Java ME-Anwendungen mit CLDC und MIDP. S.18

4.2 Midlet

Java-Programme sind benannt nach der Umgebung, in der sie ausgeführt werden. Im Web-Umfeld sind sie Servlets, auf einem Personal Computer als selbstständige Applikationen Applets und bei JavaME werden sie Midlets genannt. Midlets laufen vollständig im Kontext des Mobiltelefons ab, ein genaues Verhalten einer Anwendung wird daher vorgegeben.

Zustände, die ein Midlet annehmen kann, sind aktiv, pausiert oder beendet und werden von der Application Management Software (AMS) überwacht, welche ebenfalls vom Gerätehersteller selbst implementiert wird. Die Abbildung 3 zeigt die Zustände und Zustandswechsel, die von einem äußerlichen Ereignis (eingehender Anruf oder ähnliches) über die AMS abgewickelt werden. Die angezeigten Methoden für die Zustandswechsel sind gleichzeitig die Methoden, die von der Klasse MIDlet vorgegeben werden und zwingend zu überschreiben sind.

Das Midlet selbst wird ebenfalls von der AMS geladen (Constructor) und entladen (Clean-up).

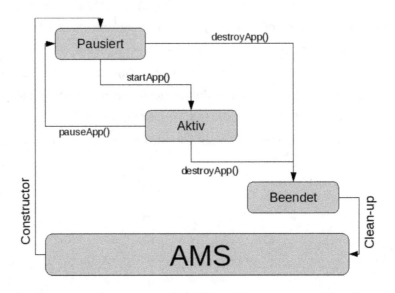

Abbildung 3: Midlet-Zustände und Methoden

Folgender Quelltext eines `ExampleMidlet` führt die Methoden aus `MIDlet` auf und verdeutlicht das Verhalten.

```
/* Example Midlet
 * Aufzeigen der zu überschreibenden Methoden
 * der Klasse MIDlet
 */

package example.midlet;

import javax.microedition.midlet.*;


public class ExampleMidlet extends MIDlet {

    public ExampleMidlet() {}

    public void startApp() {}

    public void pauseApp() {
        notifyPaused();
    }

    public void destroyApp(boolean unconditional) {
        notifyDestroyed();
    }
}
```

Jedes Midlet erweitert die Klasse `MIDlet` wodurch die Methoden: `startApp()`, `pauseApp()`, `destroyApp()` für die AMS zur Verfügung stehen.

Die Methoden `notifyPaused()` und `notifyDestroyed()` sind vom Programmierer selbst einzutragen und weisen die AMS im passendem Zustand an, zu pausieren beziehungsweise das Midlet zu entladen. Wichtig ist, das die AMS bei einem eingehendem Telefonanruf versuchen wird `pauseApp()` aufzurufen, um weitere Aktionen (Aufräumen des Speichers oder ähnliches) anzustoßen. Endgültige Operationen für das Beenden der Anwendung kämen demnach in die Methode `destroyApp()`.

4.3 Vorprüfung

Wegen der Beschränkungen der KVM wird das Programm während der Laufzeit, im Gegensatz zur JVM, nicht vollständig auf Fehler geprüft.

Damit die KVM und somit auch die Hardware des Endgerätes entlastet wird, wird bei jeder JavaME-Applikation eine Vorprüfung des Quellcodes vorgenommen. Der Preverifyer ist in der Lage, bestimmte Programmbereiche, zum Beispiel beim möglichen Zugriff über Feldgrenzen (Array) hinweg, als unbedenklich zu deklarieren und die Ergebnisse in einer Tabelle für die KVM zusammenzufassen, so dass sie zur Laufzeit diese Überwachung nicht selbst vornehmen muss.

Dieses Vorgehen reißt leider ein krasses Loch in das Sicherheitskonzept von Java. Applikationen können durch einem „Pseudo-Preverifyer" schadhafte Programmteile als unbedenklich bescheinigen lassen und bei der späteren Ausführung die KVM und damit das Sicherheitskonzept von Java gefährden.

4.4 Properties

Der versierte Nutzer akzeptiert ausschließlich Applikationen, dessen Nutzen und Folgen er auch abschätzen kann. Gerade bei einem Handy wäre es fatal, wenn ein Programm unbemerkt zum Beispiel kostenintensive Telefonanrufe tätigen würde. In einem solchen Fall reicht die KVM zur Laufzeit an die AMS eine Warnung weiter und informiert so den Benutzer, dass gerade eine Verbindung aufgebaut werden soll. Die Benutzung vieler Ressourcen des Handys sind genehmigungspflichtig.

Der Entwickler hat sogar die Möglichkeit der AMS direkt Befehle zu erteilen (im begrenzten Rahmen). Mit Hilfe der PushRegistry ist der Entwickler in der Lage, die AMS bei einem bestimmten Ereignis zu einer Aktion zu zwingen, zum Beispiel um ein Midlet zu einer bestimmten Zeit oder einem bestimmten Ereignis zu starten.

Vertrauenswürdig und umsichtig ist es deshalb, dem Benutzer schon vor der Installation der Applikation mitzuteilen, welche Schnittstellen beziehungsweise Rechte benötigt werden. Dazu wird dem Midlet eine Beschreibungsdatei zur Seite gestellt und informiert die AMS und letztendlich den Benutzer im Vorfeld über das Verhalten der Applikation, sogar darüber ob sie überhaupt auf dem Zielgerät lauffähig sein wird. Der Name der Beschreibungsdatei setzt sich aus dem Midlet-Namen und der Erweiterung .jad zusammen.

```
MIDlet-1: ExampleMidlet
MIDlet-Description: Simple MIDP Application
MIDlet-Jar-Size: 453615
MIDlet-Jar-URL: ExampleMidlet.jar
MIDlet-Name: ExampleMidlet
MIDlet-Permissions: javax.microedition.io.PushRegistry,
            javax.microedition.io.Connector.socket
MIDlet-Vendor: Dieter Steuten
MIDlet-Version: 1.0
MicroEdition-Configuration: CLDC-1.1
MicroEdition-Profile: MIDP-2.0
```

Bei der Installation einer Midlet Suite (Applikations- plus Beschreibungsdatei) wird die Beschreibungsdatei zuerst übermittelt, so dass der Benutzer vor der ersten Ausführung über das Programm informiert wird und dem Midlet die Rechte temporär oder einmalig und permanent erlauben beziehungsweise verbieten kann.

4.5 Zukunft von JavaME

Verständlich ist, dass für mobile Geräte wie Handys eine Basis für eine Laufzeit-umgebung wie Java, entsprechend ihrer Leistungsfähigkeit, geschaffen werden musste. Das Resultat ist bei JavaME eine kleinere Virtuelle Maschine (KVM) und im Umfang reduzierte Java Programmierschnittstellen.

Diese Geräteklasse entwickelt sich ständig weiter und die Hersteller dieser Geräte implementieren und bewerben neue Funktionen lieber früher als später, was bedeutet, dass die Realität einige JavaME-Konzepte schon überholt hat. Damit diese Funktionen und Leistungssteigerungen unter JavaME abrufbar sind, sind neue Profile entworfen worden (aktueller Entwurf MIDP 3.0), bis hin zu einer voll-ständigen JVM bei Connected Device Configuration (CDC 1.0) für Smartphones und PDAs, welche das oben genannte Sicherheitsleck bei der Vorprüfung nicht aufreißt.

Laut der Aussage von James Gosling, damaliger Vizepräsident von Sun Microsys-tems auf der JavaOne im Jahr 2007, ist das Angleichen von JavaME an JavaSE auch erwünscht.

„All the work in JavaME had been pushing it closer and closer to JavaSE" [11]

---

[11]Shankland, Stephen: Sun starts bidding adieu to mobile-specific Java. (19.10.2007), URL: http://news.cnet.-com/8301-13580_3-9800679-39.html?Part=rss&subj=news&tag=2547-1_3-0-5

5 Entwicklungswerkzeuge

5.1 Java Development Kit

Die Entwicklung eines Java-Midlets unterscheidet sich nur unwesentlich von der Entwicklung eines herkömmlichen Java-Applets. Vereinfachend kann gesagt werden, dass zur Erzeugung von Java Midlets dieselben Werkzeuge (Texteditor und Compiler) wie zur Erzeugung von Java Applets benötigt werden.

Der große Unterschied ist jedoch, dass die Virtuelle Maschine von mobilen Geräten schwächer ist, als die Virtuelle Maschine von Personal Computern. Um den Bytecode auf der kleineren KVM lauffähig zu gestalten reicht das Java Development Kit (JDK) nicht aus. Zusätzlich sind die Werkzeuge und Bibliotheken aus dem Wireless Toolkit for CLDC (WTK) von Sun Microsystems[12] notwendig.

---

[12]Sun Microsystems: Sun Java Wireless Toolkit for CLDC., URL: http://java.sun.com/products/ sjwtoolkit/download.html

5.2 Wireless Toolkit

Die Werkzeuge und Bibliotheken aus dem Wireless Toolkit sind nötig, um

- mehrere Midlet Suites zu verwalten.

- den Java-Quelltext zu einem Midlet zu kompilieren.

- das Midlet vorab auf Fehler überprüfen zu lassen. (preverifying)

- das Midlet zu komprimieren. (obfuscating)

- das Midlet auf einem Emulator zu testen.

- das Midlet manuell auf Fehler zu untersuchen. (monitoring & debugging)

- das Midlet zu signieren.

Das WTK stellt alle nötigen Werkzeuge für diese Aufgaben bereit, darunter die Anwendung `kToolbar` die alle Werkzeuge auf einer grafischen Benutzeroberfläche vereint.

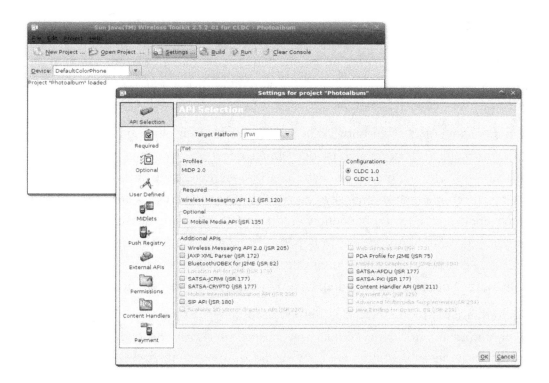

Abbildung 4: kToolbar (Midlet- und Einstellungsmanager)

Falls der Entwickler eine mächtigere Entwicklungsumgebung (IDE) wünscht, wird ihm mit Erweiterungen unter NetBeans, Eclipse oder ähnlichem geholfen.

Zum Beispiel ist bei Sun Microsystems eine IDE inklusive JDK und WTK im Paket[13] erhältlich, für Eclipse steht das Projekt EclipseME[14] zur Verfügung, um sofort professionelle MIDP-Anwendungen zu entwickeln.

---

[13]Sun Microsystems: NetBeans JavaME developing., URL: http://www.netbeans.org/features/javame/index.html
[14]Eclipse ME: J2ME development using Eclipse., URL: http://eclipseme.org/

5.3 Obfuscate

Die schwache Virtuelle Maschine zwingt den Programmierer, extrem sparsam mit dem Speicher und dem Prozessor des Endgeräts umzugehen, also das Midlet so kompakt wie möglich zu halten.

Ein sparsames Midlet zu entwickeln ist zu einem durch einen guten Programm- entwurf möglich, andererseits ist der Obfuscator[15] ein wirksames Hilfsmittel. Ob- fuscating ist vorrangig dazu gedacht, das Disassemblieren von Java-Programmen zu erschweren. Erschwerend ist es zum Beispiel, wenn Variabel- und Methodenna- men abgekürzt oder umbenannt werden und somit beim Reverse Engineering schwer zu verstehen sind. Der Nebeneffekt davon ist die positive Auswirkung auf den Speicherplatzverbrauch, wenn die Bezeichner von Variablen und Methoden zur Laufzeit nur noch mit ihren Spitznamen aufgerufen werden müssen.

Weiterhin ist es vorteilhaft, das der Obfuscator nicht genutzte Bibliotheken und Programmteile vor dem Kompilieren aussparen kann. Besonders bemerkbar macht sich dieses Verhalten bei dem für diese Arbeit benutzten Lightweight User Interface Toolkit (Kapitel 7.4). Dieses ist als optionale Paket mit einer Größe von 348 Kilobytes verfügbar und wird statisch ins Midlet kompiliert welches letzten Endes eine Größe von nur 248 Kilobytes besitzt, da nicht alle Klassen-Bibliothe- ken gebraucht werden.

Neben dem Obfuscator aus dem WTK sind viele weitere Obfuscator verfügbar, wie zum Beispiel der Zelix KlassMaster[16], der yGuard[17] oder der ProGuard[18] von Eric Lafortune.

---

[15]to obfuscate: verschleiern, verdunkeln

[16]Zelix: Obfuscating J2ME MIDlets using Zelix KlassMaster., URL: http://www.zelix.com/klassmaster/ docs/tuto- rials/j2meTutorial.html

[17]yWorks: yGuard : Java Bytecode Obfuscator and Shrinker., URL: http://www.yworks.com/en/ products_yguard_about.htm

[18]Lafortune, Eric: ProGuard., URL: http://proguard.sourceforge.net/

5.4 Kompilieren

Damit eine Midlet Suite aus dem Quelltext erzeugt wird, ist eine Kompilierung notwendig. In Kapitel 5.1 wird zur Erzeugung eines Midlets lediglich der Java-Compiler genannt, ebenso die Notwendigkeit Bibliotheken des WTK einzubinden. Ein solcher Compiler-Aufruf für ein Beispiel-Midlet wäre:

```
javac –bootclasspath WTK19/lib/cldcapi11.jar: ↷
WTK/lib/midpapi20.jar -d .  -source 1.4 -target 1.4 ↷
ExampleMidlet.java
```

Die Optionen `-source` und `-target` sorgen dafür, das der Quelltext nach dem Java-Standard 1.4 interpretiert wird. Die Einbindung der Bibliotheken wird mit der Option `-bootclasspath` erreicht und zwar für die Konfiguration (CLDC 1.1) und das Profil (MIDP 2.0).

Unter JavaSE reicht der folgende Schritt, der die erzeugten Class-Dateien (inklusive Manifest) in ein Java-Archiv verpackt, aus, um eine lauffähige Applikation zu produzieren.

```
jar cmf ExampleMidlet.jar MANIFEST.MF ExampleMidlet.class
```

Wie in Kapitel 4.3 erwähnt, reicht das unter JavaME nicht aus. Mindestens die Vorprüfung (preverify) der Übersetzung zur Verwendung auf der KVM ist vorher nötig.

```
WTK/bin/preverify –classpath WTK/lib/cldcapi11.jar: ↷
WTK/lib/midpapi20.jar -d . ExampleMidlet
```

Nach dieser Prüfung ist es möglich ein unkomprimiertes Archiv zu erstellen (siehe oben) oder es ist möglich dieses Archiv anschließend durch einen Obfuscator (in diesem Fall: ProGuard) zu komprimieren.

```
java –jar proguard.jar -libraryjars WTK/lib/cldcapi11.jar: ↷
WTK/lib/midpapi20.jar -injars ExampleMidlet.jar -outjar ↷
ExampleMidlet_KOMP.jar -keep „public class * extends ↷
javax.microedition.midlet.MIDlet"
```

---

[19]Installationsverzeichnis des Wireless Toolkit (WTK)

Das dadurch entstandene Midlet `ExampleMidlet_KOMP.jar` ist um ein vielfaches kleiner als das ursprüngliche Midlet und lässt sich somit zügig, über jeglichen Kommunikationsweg, auf das Endgerät übertragen. Bei der Operation, das Midlet zu verkleinern, sollte auf die Option `-keep` besonderes Augenmerk gelegt werden. Bei Midlets ist darauf zu achten, alle abgeleiteten Methoden der Klasse `MIDlet` unangetastet zu lassen, da die AMS die erwarteten Methoden sonst nicht mehr wiederfindet.

5.5 Signieren

Das in Kapitel 4.3 genannte Sicherheitsleck, welches durch das Vorprüfen entsteht, kann durch Sicherheitszertifikate (Signieren) wieder geschlossen werden. Weiterhin können, durch das Signieren, dem Midlet im Voraus Rechte eingeräumt werden, ohne beim Benutzer später um Erlaubnis zu fragen, ob sensible Operationen erlaubt werden dürfen.

Zertifizierungen nehmen Unternehmen wie VeriSign oder SUN, die Gerätehersteller oder Mobilfunkbetreiber vor[20]. Dazu wird das Midlet von der Zertifizierungsstelle auf Sicherheitslücken und Softwarefehler geprüft.

Die AMS ist vor der Ausführung des Midlets in der Lage, das Zertifikat zu verifizieren und dem Midlet die angeforderten Mittel (Netzwerkschnittstelle, Dateisystem oder ähnliches) zur Verfügung zu stellen[21].

Aus Kosten- und Zeitgründen wird auf das Signieren der in dieser Arbeit erstellten Applikation verzichtet. Sie würde dem Nutzer also auf seinem Mobiltelefon als „nicht vertrauenswürdig" gemeldet werden.

---

[20]VeriSign: Sun Java Signing., URL: https://knowledge.verisign.com/support/code-signing-support/index?page=content&id=AR185

[21]Knudsen, Jonathan: Kicking Butt with MIDP and MSA : Creating Great Mobile Applications. S.41

6   Bluetooth

6.1 Übersicht

Der Nahbereichsfunk Bluetooth, mit seiner Reichweite bis zu 100 Meter, wurde im Jahre 1994 von Ericsson erdacht[22] und seitdem ständig, mit Hilfe weiterer Unternehmen, weiterentwickelt. Durch die gleichzeitig stattfindende Standardisierung von Infrarotverbindungen hat Bluetooth große Verbreitung gefunden, da sich beide Techniken ähneln und sich bei ihre Entwicklungsergebnissen ergänzten.

Frequenzband:	2,4 GHz (lizenzfreies ISM-Band)
Datenrate (Brutto):	1 MBit/s
Datenrate (Netto):	Asymetrisch:
	723,2 KBit/s (Download) / 57,6 KBit/s (Upload)
	Symetrisch:
	432,6 KBit/s (Download) / 432,6 KBit/s (Upload)
Reichweite:	Klasse 1 (bei 100 mW) 100 Meter
	Klasse 2 (bei 2,5 mW) 20 Meter
	Klasse 3 (bei 1 mW) 10 Meter

Der große Vorteil von Bluetooth ist die kabellose Verbindung zwischen Geräten auf stromsparende und neuartige Weise.

Anders als bei anderen Konzepten verbinden sich Bluetooth-Geräte gemäß ihrer definierten Rollen, Profile genannt. Es werden somit keine Vermittler (Router, Hub oder ähnliches) zwischen den Geräten benötigt. Zum Beispiel hat eine Sprechgarnitur (Headset), per Bluetooth angebunden, die einzige Aufgabe, Sprache weiterzuleiten. Für diese Aufgabe existiert das „Headset Profile" (HSP), welche in der Bluetooth-Implementierung des Headsets vorhanden sein muss. Um Geräte mit-

---

[22]Hein, Ludwig: Bluetooth : Die Grundlagen. (03.10.2006), URL: http://www.all-about-security.de/security-artikel/endpoint-sicherheit/mobile-computing-und-pdas/artikel/282-bluetooth-die-grundlagen/

tels Bluetooth ihrer Rolle entsprechend zu verbinden, wurden die Profile nach der folgenden Aufstellung eingeführt[23].

Abkürzung	Bedeutung
A2DP	Advanced Audio Distribution Profile
AVRCP	Audio Video Remote Control Profile
BIP	Basic Imaging Profile
BPP	Basic Printing Profile
CIP	Common ISDN Access Profile
CTP	Cordless Telephony Profile
DUN	Dial-up Networking Profile
ESDP	Extended Service Discovery Profile
FAXP	FAX Profile
FTP	File Transfer Profile
GAP	Generic Access Profile
GAVDP	Generic AV Distribution Profile
GOEP	Generic Object Exchange Profile
HCRP	Hardcopy Cable Replacement Profile
HDP	Health Device Profile
HSP	Headset Profile
HFP	Hands Free Profile
HID	Human Interface Device Profile
INTP	Intercom Profile
LAP	LAN Access Profile
MDP	Medical Device Profile
OPP	Object Push Profile
PAN	Personal Area Networking Profile
PBAP	Phonebook Access Profile
SAP	SIM Access Profile
SCO	Synchronous Connection-Oriented link
SDAP	Service Discovery Application Profile
SPP	Serial Port Profile
SYNC	Synchronisation Profile
OBEX	Object Exchange

Der Nachteil dieser Lösung ist möglicherweise das Fehlen eines ganz bestimmten Profils. Um ein eigenes Profil zu erstellen ist das vorhandene Serial Port Profile (SPP) zu erweitern. Über diese serielle Schnittstelle können die Geräte eigene Daten austauschen. Diese Vorgehensweise wird auch für die Applikation in dieser Arbeit verwendet (Kapitel 6.4). Das Serial Port Profil ist somit eine weitere Voraussetzung für die Funktionalität der Anwendung.

---

[23]Bluetooth SIG: Bluetooth Wireless-Technologie : Profile., URL: http://german.bluetooth.com/Bluetooth/ Technology/ Works/Profiles_Overview.htm

Alle möglichen Profile, die ein Gerät unterstützt, sind im Bluetoothstack hinterlegt (Abbildung 5). Solch ein Stack kann im Gerät selbst oder im Betriebssystem implementiert werden.

Für den Zugriff muss eine Schnittstelle zu dem Stack vorliegen, um ihn nutzbar zu machen. Für JavaME liegt die Schnittstelle per `javax.microedition.bluetooth` vor und ist nutzbar, sofern das Gerät das JSR 82 unterstützt.

6.2 Technik

Das Schichtenmodell (Abbildung 5) von Bluetooth (geläufiger: Bluetoothstack) vereint die Hardware sowie deren Verwaltung auf der untersten Schicht und die Implementierungen der Verbindungsmöglichkeiten oberhalb des HCI.

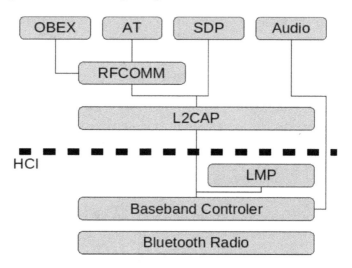

Abbildung 5: Bluetoothstack

- Bluetooth Radio
  implementiert alle physikalische Notwendigkeiten für den Betrieb von Bluetooth wie Frequenzband und Sendeleistung.

- Baseband Controler
  regelt das Aufteilen der Datenpakete auf den jeweiligen Frequenzen.

- Link Manager Protocol (LMP)
  verwaltet, verschlüsselt und überwacht aufgebaute Verbindungen. Die Verschlüsselung von Bluetooth-Verbindungen erfolgt asymmetrisch und verlangt einen Schlüssel, meistens in Form einer vierstelligen Ziffernfolge (Pairing).

- Host Controller Interface (HCI)
  ist die Kommandoschnittstelle zwischen Hardware und den Verbindungsmöglichkeiten und trennt somit die beiden Schichten.

- Logical Link Control and Adaption Protocol (L2CAP)

ist die einfachste Verbindungsmöglichkeit inklusive Fehlerkorrektur. Von ihr abgeleitet sind alle weiteren Datenverbindungen.

- Audio
  ist bei Bluetooth ein gesonderter Fall, da es so implementiert ist, dass es keine darunter liegende Paketverwaltung für Daten benötigt. Audio baut direkt auf den Baseband Controller auf.

- Radio Frequency Communication Protocol (RFCOMM)
  ist das drahtlose Äqivalent zu einer physikalisch vorhanden seriellen Verbindung zweier Geräte.

- Object Exchange Protocol (OBEX)
  ist eine direkte Implementierung für den Austausch bestimmter Dateien. Etabliert ist der Dateistandard vCard[24], eine Beschreibungsdatei für Visitenkarten und Termine.

- AT
  ist ein Befehlssatz für den Betrieb von klassischen Modems.

- Service Discovery Protocol (SDP)
  ist der Dienst zur Suche nach Verbindungspartnern, die eins der genannten Profile aus Kapitel 6.1 anbieten. Eigene Profile werden in der Service Discovery Database (SDDB) registriert.

Es existieren weitere Verbindungsmöglichkeiten, die auf RFCOMM aufbauen und Bluetooth für weitere Einsatzgebiete spezialisieren.

Diese Form der Geräteverbindung, bei der zuerst die Rollen, der Verbindungstyp und der Verbindungsaufbau bestimmt wird, steht im Gegensatz zur klassischen TCP/IP Infrastruktur, bei der zuerst alle Geräte miteinander gekoppelt werden und dann der Dienst gesucht wird. Bluetooth sucht zuerst ein beliebiges Gerät in Reichweite, fragt dessen Dienste (Profile) ab und baut erst dann eine Verbindung auf, die vom Profil bestimmt wird. Gegebenenfalls kann ein Profil bestimmen, das die Verbindung verschlüsselt hergestellt werden muss.

---

[24]Internet Mail Consortium: vCard : the electrinic business card. (01.02.1997), URL: http://www.imc.org/pdi/vcardwhite.html

6.3 Peer to Peer

Bekannte Soziale Netzwerke bauen auf dem Client-Server-Prinzip auf, d.h. ein Server bietet im Internet seine HTTP-Seiten an und ein Client (in der Regel der PC des Benutzers) nutzt diese. Ein Bluetooth-Netzwerk könnte dieses Prinzip nachbilden, also ein Endgerät fungiert als Server und bietet seine Dienste allen Clients an. Jedoch wäre ein Mobiltelefon als Server, der ständig seine Position ändert, nicht brauchbar, da die Clients sich nie sicher sein können, ob der Server noch ihrer in Reichweite ist und die Verbindung somit ständig abreißen könnte.

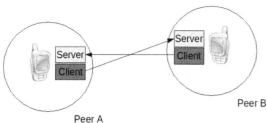

Abbildung 6: einfache P2P Topologie

Das zu verwendende Netzwerk muss also schnell die Rollenverteilung unter den Geräten festlegen können, um eine benutzbare Netztopologie aufzubauen. Dazu bietet sich eine Implementierung nach dem Peer-to-Peer-Prinzip (P2P) an, bei dem die Peers (ein mobiles Endgerät) je einen Server sowie einen Client beinhalten.

Dieses Prinzip vereinfacht weitere Überlegungen ungemein, da nun keine Absprachen mehr zwischen den einzelnen Endgeräten, hinsichtlich dieser Rollenverteilung, getroffen werden müssen.

Für diese Arbeit wurde ein neues Profil (P2P-Profil) entworfen und implementiert.

6.4 Server

Ein klassischer Server ist ein Gerät für die Bereitstellung von Diensten (Services). Und der klassische Weg die Dienste eines Servers, wie im Internet zu nutzen, ist der Aufruf seiner Adresse, unter der die Dienste zur Verfügung stehen. Diese Adresse wird bei allen, angeschlossenen Geräten im Netzwerk abgefragt, bis sie gefunden beziehungsweise im Fehlerfall nicht gefunden wird. Bei einem spontanen Bluetooth-Netzwerk ist diese Vorgehensweise nicht möglich, da die Adresse des nächsten Nachbarn ebenso wie seine angebotenen Dienste vorerst ja nicht bekannt sind.

In JavaME werden Netzwerkdienste per Generic Connection Framework (GFC) über den URL-Präfix definiert und sind über ein Interface implementierbar. Präfixe des GFC können „SMS://" für SMS-Nachrichten, „HTTP://" für Internetseiten oder in diesem Fall „BTSPP://" für die serielle Schnittstelle von Bluetooth sein. Ein Interface wäre für Webseiten `HttpConnection`. Mögliche Interfaces zeigt Abbildung 7[25].

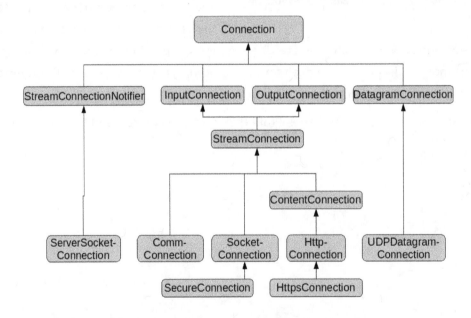

Abbildung 7: Interface-Abhängigkeiten im GFC

---

[25]Breymann, Ulrich; Mosemann, Heiko: Java ME : Anwendungsentwicklung für Handys, PDA und Co. S.200

Die vollständige URL einer MIDP-Anwendung zur Definition eines Dienstes des anbietenden Servers, lautet:

```
String localURL = "btspp://localhost:"
  + (new UUID("CB157D2F98E218E797BBA5BD7CCFB846", false)
     ).toString()
  + ";name=ExampleMidlet;authorize=false;encrypt=false"
```

Der erste Teil definiert den Dienst Bluetooth Serial Port Profile (btspp://) und emuliert eine serielle Schnittstelle auf dem eigenen Gerät (localhost). Die Universally Unique Identifier (UUID) bezeichnet eindeutig den Dienstnamen (Profil P2P), welcher um die Zeichenkette `;name=ExampleMidlet` erweitert werden kann, um die URL übersichtlicher zu gestalten. Java kennt die Objektklasse UUID, mit deren Hilfe sich eine 128 Bit UUID erstellen lässt. In JavaME ist diese Klasse speziell für Bluetooth unter `javax.bluetooth.UUID` zu erreichen.

Mit `;authorize=false;encrypt=false` wird das Profil P2P um die Definitionen „Keine Authentifizierung und Verschlüsselung" erweitert, da es für den Benutzer nicht zumutbar wäre, bei jedem Verbindungsversuch im Hintergrund eine PIN einzugeben (bei der der andere Peer die exakt gleiche PIN eingeben müsste). Daher wird der Dienst ohne Authentifizierung und Verschlüsselung angeboten.

Eine weitere wichtige Voraussetzung, die der Server zu erfüllen hat, ist seine Bereitschaft, überhaupt gefunden zu werden. Ständig auffindbar wird ein er durch die Konstante `DiscoveryAgent.GIAC` (General Inquiry Access Code).

```
LocalDevice.getLocalDevice().setDiscoverable(
    DiscoveryAgent.GIAC)
```

Die Konstante `DiscoveryAgent.LIAC` (Limited Inquiry Access Code) als Parameter würde das Gerät dagegen nur temporär auffindbar machen.

Für einen Service, der angeboten werden soll, wird die erstellte URL mit einem `Connector.open(localURL)` geöffnet und zu dem Interface `StreamConnectionNotifier` umgewandelt.

```
StreamConnectionNotifier noty =
  (StreamConnectionNotifier) Connector.open(localURL)
```

Durch die Verwendung der Methode `acceptAndOpen()` des Notifiers wird zuerst der Dienst, also das Profil P2P, in der Service Discovery Database (SDDB) registriert und es wird blockierend(!) auf den Verbindungsversuch eines Clients gewartet. Diese Operationen werden vom Bluetoothstack übernommen.

```
StreamConnection serverConn = noty.acceptAndOpen()
```

Kommt eine Verbindung zu Stande, lassen sich mit

```
InputStream inputstream = serverConn.openInputStream()
OutputStream outputstream = serverConn.openOutputStream()
```

Ein- und Ausgabeströme zu dem Client herstellen.

Nach dem Schließen der Verbindung `serverConn` mittels `.close()` wird der Serviceeintrag aus der SDDB wieder entfernt.

6.5 Client

Ein klassischer Client ist ein Gerät zur Nutzung von Diensten und somit das Gegenstück zu einem Server. Ist die URL zu einem Server bekannt, kann durch

```
StreamConnection clientConn =
(StreamConnection) Connector.open(serverURL)
```

eine direkte Verbindung hergestellt werden. Kommt eine Verbindung zu Stande, lassen sich wie beim Server mit

```
InputStream inputstream = clientConn.openInputStream()
OutputStream outputstream = clientConn.openOutputStream()
```

Ein- und Ausgabeströme zu einem Server herstellen.

Aus den vorangegangenen Kapiteln ist bekannt, dass die einzelnen Endgeräte eine Verbindung zu einem Server nicht auf üblichen Wegen herstellen können, da der Aufenthaltsort eines Servers nicht bekannt ist. Jeder Client hat vor einem Verbindungsversuch zu prüfen, ob ein Server mit dem P2P Profil in Reichweite ist.

6.6 Suchvorgang

Bei sich bewegenden Servern beziehungsweise Clients, ist davon auszugehen, dass Verbindungsversuche seitens des Clients keinen Erfolg haben werden, da immer wieder ein neuer unbekannter Server in Reichweite sein wird. Daher muss in regelmäßigen Zeitabständen nach Servern, die das Profil P2P anbieten, gesucht werden.

Da ich davon ausgehe, dass nur Handys diese MIDP-Applikation nutzen werden und einzig das selbstdefinierte P2P Profil verwendet wird, kann der Suchvorgang vollständig durch die Methode selectService() übernommen werden.

Dazu wird der DiscoveryAgent benötigt, der durch seine Methode selectService() selbständig nach bluetoothfähigen Geräten mit dem gewünschtem Profil sucht und die URL zu einem verfügbaren Server zurück gibt.

```
String deviceWithService =
discoveryAgent.selectService(
    UUID, ServiceRecord.NOAUTHENTICATE_NOENCRYPT, false)
```

Das Ergebnis (deviceWithService) könnte folgendermaßen aussehen und wäre die passende Zeichenkette (serverURL) für den Client (Kapitel 6.5):

btspp://123456789ABCEF:1;name=ExampleMidlet;authenticate=false

DiscoveryAgent ist ein Assistent, der der MIDP-Anwendung die Suche nach Geräten und Diensten ermöglicht. Erhältlich ist er vom LocalDevice per getDiscoveryAgent().

```
DiscoveryAgent discoveryAgent =
LocalDevice.getLocalDevice().getDiscoveryAgent()
```

Eine andere Implementierungsmöglichkeit, wäre die atomare Abarbeitung der Schritte von selectService()[26].

---

[26]Ortiz, C. Enrique: Using the Java APIs for Bluetooth : Part 2 - Putting the Core APIs to Work. (2005), URL: http://developers.sun.com/mobility/apis/articles/bluetoothcore/ Figure 5

6.7 Geräteverwaltung

Wie bereits erwähnt, ist davon auszugehen, das das MIDP-Gerät (inkl. Server) sich nicht an einem fixem Ort aufhalten wird. Es können also die Situationen entstehen:

- ein anderes Gerät ist öfter als ein Mal oder ständig in Reichweite.

- ein bestimmtes Gerät ist nie in Reichweite.

Damit einher geht die Ungewissheit, zu welchem Zeitpunkt sich zwei Geräte miteinander verbinden können.

In dieser MIDP-Anwendung wird zur Unterscheidung der verschiedenen Gegenstellen die eindeutige Media Access Control (MAC) Adresse, die jedes netzwerkfähige Gerät besitzt, verwendet. Bei der gewählten Variante, per `discoveryAgent.-selectService()` nach passenden Gegenstellen zu suchen, ist die relevante MAC in der Zeichenkette von `deviceWithService` eingebettet. Da außer dieser MAC die Zeichenkette immer gleich bleibt und somit bekannt ist, kann sie daraus extrahiert werden.

Neue MACs werden nach dem Auffinden der jeweiligen Geräte in dem Container (`Vector`) `newMACs` gespeichert. Benutzte MACs, also schon verwendete Verbindungen zu anderen Geräten, werden von `newMACs` in den neuen Container `used-MACs` verschoben und nicht mehr weiterverwendet. Dieser Fall tritt ein, wenn das eigene Benutzerprofil an ein Gerät aus `newMACs` verschickt wurde.

Mit Hilfe dieser Implementierung ist der Fall ausgeschlossen, einer Gegenstelle sein Benutzerprofil öfter als einmal zu schicken, wodurch die vorhanden Ressourcen geschont werden. Dennoch kann mit dieser Lösung auf die beiden oben genannten Situationen reagiert werden.

7   Graphical User Interface

7.1   Übersicht

Grafische Benutzeroberflächen auf Embedded Geräten sind aufgrund zweier Ge-
gebenheiten schwierig zu entwickeln:

- Die Größe des Anzeigegerätes ist unbekannt. Dieses kann auf unterschiedlichen Geräten unterschiedlich groß ausfallen, da MIDP lediglich eine Min-
  destauflösung vorschreibt.

- Die Möglichkeiten zur Benutzerinteraktion bei Eingaben sind einge-
  schränkt. Meistens besitzen mobile Endgeräte weder eine vollständige Tastatur noch ein mausähnliches Zeigergerät. Nach MIDP ist lediglich vorge-
  schrieben, dass ein beliebiges Eingabegerät vorhanden sein muss.

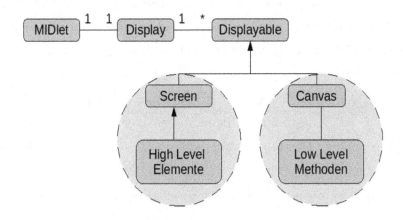

Abbildung 8: lcdui-Schnittstelle

Aus den oben genannten Gründen ist eine eigene Schnittstelle, die Liquid Cristal
Device User Interface (lcdui), geschaffen worden, die die Benutzerschnittstellen
vereint und auf MIDP-Geräte spezialisiert ist.

Abrufbar sind alle GUI-Funktionen durch die Ableitungen der Klassen MIDlet,
Display und Displayable, wie im Bild aufgeführt. Die eingekreisten Ableitungen von Displayable, Screen und Canvas bezeichnen unterschiedliche GUI-Pa-
radigmen, die durch eigene Schnittstellen repräsentiert werden. Die Vorgehens-

weise um ein beliebiges Objekt darzustellen, ist nach dem Import des Pakets `ja-vax.microedition.lcdui` die Erzeugung eines(!) `Display` Objekts und dessen Zuweisung zu dem Midlet.

```
private Display display = Display.getDisplay(this)
```

Anschließend wird mit der Methode `setCurrent(Objekt)` von `display` das Objekt angezeigt, entweder ist dieses Objekt ein `Screen` inklusive der High-Level Elemente oder ein `Canvas` inklusive der Low-Level Methoden. Die Unterschiede zwischen diesen beiden Klassen werden in den folgenden beiden Kapiteln erläutert. In Kapitel 7.4 werden weitere Möglichkeiten erwähnt, grafische Benutzeroberflächen zu erzeugen. Diese gehören aber nicht zu dem regulären JavaME (Paket `javax.microedition.lcdui`), sondern sind optionale Bibliotheken.

7.2 Low-Level Schnittstelle

Wenn ein punktgenaues Aussehen auf dem Anzeigegerät erwünscht ist, kann dies mit Hilfe der Low-Level Schnittstelle erreicht werden. Durch diese Schnittstelle werden zum Beispiel aufwändige Handyspiele implementiert.

Abbildung 9: Low-Level GUI-Beispiel beim Tasten-druck auf 'Fire'   **Abbildung 10: Low-Level GUI-Beispiel bei beliebigem Tastendruck**

Das Zeichnen von geometrischen Figuren, wie Linien, Dreiecken, Kreisen oder ähnlichem ist mit den Methoden aus einem Canvas-Objekt möglich.

Dazu wird ein eigenes Objekt durch Canvas erweitert. Die Klasse Canvas bringt die Methode paint(Graphics g) mit, die überschrieben werden muss, um eine Grafik zu konstruieren und immer dann vom Endgerät aufgerufen wird, wenn ein Neuzeichnen fällig ist oder man sich selber mittels repaint() dazu entscheidet.

Die Methoden vom Graphics Objekt g sind dann einfache Zeichenmethoden für das Zeichnen von Linien, Kreisen, Rechtecken oder ähnlichem[27].

Die Bezugspunkte dieser Zeichenmethoden müssen zu Beginn einer solchen Operation vorher mit getHeight() und getWidth() im Canvas ermittelt werden, da der Entwickler die darstellbare Größe des Endgeräts nicht kennen kann.

Der Beispielquelltext auf der nächsten Seite definiert ein eigenes Objekt von Typ Canvas inklusive einem Text in einer selbst gewählten Schrift und Farbe, zuzüg-

---

[27]Sun Microsystems: Package : javax.microedition.lcdui., URL: http://java.sun.com/javame/reference/ apis/js-r118/javax/microedition/lcdui/package-summary.html

lich der Abfrage von Benutzereingaben, mit Hilfe der Methode `keyPressed(int keyCode)`. Das Ergebnis ist in den Abbildungen 9 und 10 zu sehen. Neben `keyPressed()` (einmaliges Betätigen) sind in einem `Canvas` noch die überschreibbaren Methoden `keyReleased()` (loslassen) und `keyRepeated()` (dauerhaftes Betätigen) vorhanden. Wie im vorherigen Kapitel beschrieben, wird mit `display.setCurrent(canvas)` das Objekt angezeigt.

```
/* GUI Beispiel mit Hilfe der Low-Level Schnittstelle
 * Ein- und Ausgabemöglichkeiten
 */


        /* Neues Canvas-Objekt erzeugen */
        private Canvas canvas = new Canvas() {

            /* Größenbestimmung des Anzeigegerätes */
            int width = getWidth();
            int height = getHeight();

            int red = 254;
            int blue = 0;
            int green = 0;

            /* Ausgabe */
            protected void paint(Graphics g) {
                g.setColor(red, green, blue);

                g.setFont(Font.getFont(Font.FACE_SYSTEM,
                Font.STYLE_ITALIC, Font.SIZE_LARGE));

                g.drawString("BEISPIELTEXT",
                    /* Auf Bildmitte ausrichten */
                    (width >> 1), (height >> 1),
                    Graphics.TOP | Graphics.HCENTER );
            }

            /* Eingabe */
            protected void keyPressed(int keyCode) {
                switch (keyCode) {
                    case -5:    /* Fire-Key */
                        red = green = 0;
                        blue = 254;
                        break;
                    default:    /* Alle anderen Tasten */
                        red = blue = 0;
                        green = 254;
                        break;
                }

                /* Bei jeglichem Tastendruck Neuzeichnen */
                repaint();
            }
        };
```

7.3 High-Level Schnittstelle

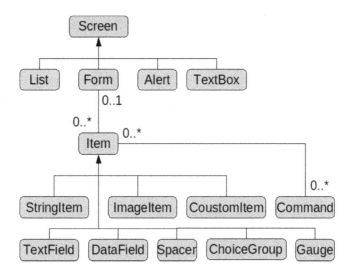

Abbildung 11: High Level Elemente

Die meisten Anzeigeelemente einer Anwendung wiederholen sich und es ist nicht nötig ständig die selben Elemente neu zu entwerfen. Die High-Level Schnittstelle bietet dem Entwickler vorgefertigte GUI-Elemente[28] (Widgets) an, um sie auf dem Anzeigegerät zu arrangieren, dadurch wird ihm die schwierige Aufgabe der punktgenauen Konstruktion abgenommen.

Abbildung 12: High-Level GUI-Beispiel

Die High-Level Schnittstelle enthält Elemente, die in Wahrheit durch die Low-Level Schnittstelle konstruiert sind, um wichtige GUI-Aufgaben auf dem Anzeigegerät zu platzieren und Eingaben entgegen zu nehmen. Neben den Elementen, die einen vollständigen Screen beanspruchen (List, Alert, TextBox), ist Form das Element welches die individuelle Konstruktion des Bildschirminhalts mit mehreren Objekten ermöglicht. Seite 42 zeigt den Quelltext zur Konstruktion eines solchen Form inklusive eines Beispieltextes und einer Tastenabfra-

---

[28]Schmatz, Klaus-Dieter: Java Micro Edition : Entwicklung mobiler Java ME-Anwendungen mit CLDC und MIDP. S.71

ge. Das Ergebnis zeigt Abbildung 12. Einer der Nachteile dieser Schnittstelle ist die Anordnung aller dargestellten Elemente auf dem Bildschirm. Auf einem Formular werden Elemente immer (soweit es die Bildschirmgröße zulässt) aneinandergereiht. Demnach käme das nächste Element in Abbildung 13 rechts neben dem Beispieltext. Ein freies platzieren von Elementen, wie bei der Low-Level Schnittstelle, ist hier nicht möglich.

```
/* GUI Beispiel mit Hilfe der High-Level Schnittstelle
 * Ein- und Ausgabemöglichkeiten
 */

    /* Neues Formular erzeugen
     * Ein- und Ausgabeelemente werden mit append() an
     * dieses Formular angehängt
     */
    Form form = new Form("High-Level Beispiel");

      /* Ausgabe */
    StringItem strItm = new StringItem("BEISPIELTEXT", null);
    strItm.setFont(Font.getFont(
        Font.FACE_SYSTEM,
        Font.STYLE_ITALIC,
        Font.SIZE_LARGE) );
    form.append(strItm);


      /* Eingabe */
      /* Belegung des ersten Softkey mit einem Kommando
       * zur Beendigung des Midlets */
    final Command END_CMD = new Command("Ende",
                            Command.EXIT, 1);
    form.addCommand(END_CMD);
    form.setCommandListener(new CommandListener() {
        public void commandAction(Command c, Displayable d) {
            if (c == END_CMD) {
                notifyDestroyed();
            }
        }
    });
```

7.4 Alternativen

Eine GUI mit JavaME zu erstellen hat, je nachdem für welche Schnittstelle sich der Entwickler entscheidet, verschiedene Schwachpunkte.

Bei der Benutzung des Low-Level Schnittstelle hat der Entwickler volle Kontrolle über das Aussehen und die Bedienbarkeit der Anwendung und kann ihr ein ausgesuchtes „Look-and-Feel" verpassen, welche den Wiedererkennungswert der Anwendung enorm steigert. Die Crux ist der umfangreiche Aufgabenbereich des Programmierers, denn dieser ist nun auch gleichzeitig ein Designer. Ein ständiges Abfragen der Displaygröße und das Umrechnen der Größe der Darstellungsobjekte, um sie in Relation zu dem unbekannten Display zu setzen, sowie das Konstruieren und Platzieren der Elemente, ist ein immenser Auffand, unter dem die Programmierung der Kernlogik der Anwendung leidet. Diese Erfahrung wurde, bei der Entwicklung dieser Arbeit, von mir selbst gemacht.

Anders verhält es sich bei der Verwendung der High-Level Schnittstelle. Hierbei sind die nutzbaren Elemente vorgegeben und sind auf verschiedenen Endgeräten gleich im Aussehen, was auch schnell implementiert werden kann. Ein individuelles Aussehen lässt sich damit allerdings nur schwer realisieren. Applikationen die ausschließlich mit Hilfe der High-Level Schnittstelle entworfen werden, haben den Charme und das Aussehen von 20 Jahren alten DOS-Anwendungen und sind einfach nicht mehr Zeitgemäß.

Ein Widget Toolkit, am besten ein leichtgewichtiges wie das Swing oder AWT unter JavaSE wäre wünschenswert, um diese Aufgabenbereiche zu trennen und Applikationen ansehnlich zu gestalten. Es gibt aktuell einige Toolkits, die den oben genannten Mankos abhelfen. Das bekannteste unter JavaME ist Polish[29] und arbeitet mit Style Sheets ähnlich dem Cascaded Style Sheet (CSS) im Webbereich. Weiterhin existieren die Projekte: Kilobyte Abstract Windowing Toolkit[30] und Synclast UI API[31]. Das Widget Toolkit, welches Swing am meisten ähnelt und für JavaME hervoragend umgesetzt ist, ist das Lightweight User Interface Toolkit (LWUIT)[32]. Entworfen von Chen Fishbein am Sun Microsystems Israel Development

---

[29]Enough Software: J2ME Polish., URL: http://www.j2mepolish.org/cms/

[30]Haustein, Stefan; Kroll, Michael: kAWT : An abstract window toolkit for the J2ME CLDC KVM., URL: http://www.kawt.de

[31]Biggs, Wes; Evans, Harry: Synclast UI API., URL: http://www.synclast.com/ui_api.jsp

[32]Sun Microsystems: lwuit : The Lightweight UI Toolkit., URL: https://lwuit.dev.java.net/

Center (SIDC) und weiterentwickelt von Shai Almog, wurde es zur JavaOne 2008 veröffentlicht. Eine große Innovation bei LWUIT ist der unter JavaME generell vermisste Ressourceneditor (Abbildung 14).

Die Handhabung von lwuit unterscheidet sich nicht wesentlich von der üblichen Vorgehensweise bei der Verwendung der High-Level Schnittstelle. Durch die Erweiterung des Programms zum Laden einer Ressourcendatei ist der Programmierer unabhängig von Designentscheidungen, welche nun separat von einem Designer durch den Ressourceneditor getroffen

Abbildung 13: lwuit GUI-Bei- werden können.
spiel

```
/* Laden der Ressourcendatei resource.res
 * zum Dekorieren des Anzeigegerätes.
 */
    /* Öffnen der Ressourcendatei */
    Resources re = Resources.open("/res/resource.res");

    /* Initialisierung des Anzeigegeräts */
    Display.init(this);          /* this → MIDlet */

    /* Laden des gewünschten Design-Themas, nachdem
     * das Anzeigegerät initialisiert wurde!
     */
    UIManager.getInstance().setThemeProps(
                         re.getTheme("Thema")
                  );
```

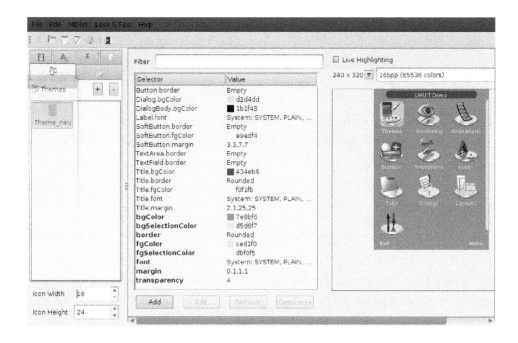

Abbildung 14: Ressourceneditor von lwuit

8   Datenspeicherung

8.1 Übersicht

Anders als die großen Datenbanksysteme von Sozialen Netzwerken ist das Verwalten von Daten auf MIDP-Geräten aufgrund ihrer begrenzten Ressourcen aufwendiger. Das bekannte Programmierdogma, gerade benötigte Objekte nicht neu zu erzeugen, sondern stattdessen alte Objekte wiederzuverwenden, ist in diesem Fall essentiell.

Im Einzelfall ist es aber doch notwendig Daten dauerhaft zu speichern. Hierfür existieren unter JavaME das Record Memory Store und die File Connect-ion Schnittstelle (JSR 75). Am Anfang steht natürlich die Überlegung, welche Daten gespeichert werden sollen.

8.2 Benutzerdaten

In Sozialen Netzwerken setzt sich ein Benutzerprofil mindestens aus dem Foto und dem Namen des Benutzers zusammen zuzüglich einer intern verarbeiteten, individuellen Nutzerkennung. In der hier vorgestellten Applikation kommt weiterhin eine selbstgewählte Signatur hinzu, um die dargestellten Benutzerprofile individueller zu gestalten. Abstrahieren lässt sich das auf eine Klasse namens `User-Profile` mit folgenden Mitgliedern:

User Profile#
+ id : int
+ name : string
+ slogan : string
+ image : Image
+ mac : string
+ seenTimes : int
+ UserProfile(id : int, name : string, slogan : string, image : Image, mac : string) : User Profile#
+ clearProfile()
+ toString() : string

Abbildung 15: Objekt 'UserProfile'

Die Klasse `UserProfile` enthält ausschließlich einfache Datentypen. Ebenso werden keine weiteren Methoden wie `get()` und `set()`, zur Klasse implementiert, denn diese würde wiederkehrend bei jedem erzeugten Objekt von `UserProfile` Speicher belegen, auch beim späteren Objektaustausch zwischen den Endgeräten wären die Objekte unnötig groß. Um dennoch mit den Objekten zu arbeiten, werden sie durch einen Wrapper[33] gekapselt und verwaltet, daher können die einfachen Datentypen auch als `public` deklariert werden. Der selbst implementierte Wrapper `UserWrap` verwaltet eigenständig die Objekte in einem Vektor und kapselt sie dort.

An dieser Stelle muss erwähnt werden, dass JavaME keine Funktionen bereit stellt, Objekte zu serialisieren, das heißt Objekte linear in Bytes auszuschreiben, so dass sie zu einem anderen Zeitpunkt (oder Ort) wieder als ursprüngliches, deserialisiertes Objekt erkannt werden.

Diese Funktion wird dem Wrapper ebenfalls beigefügt, um so auf einfache Weise Objekte vom Typ `UserProfile` in Bytestreams (Datenströme in Byte-Form) zu versenden, zu empfangen und persistent oder temporär zu speichern.

---

[33]to wrap: umhüllen, verpacken

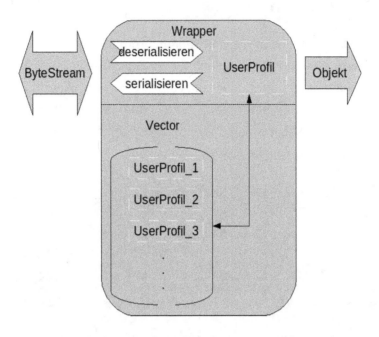

Abbildung 16: Wrapper-Klasse 'UserWrap'

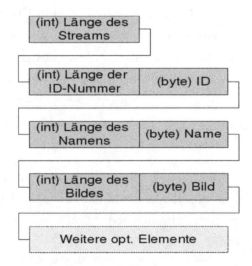

Abbildung 17: Bytestream-Aufbau von Klasse UserProfile

8.3 Record Memory Store

Wie schon erwähnt, bestimmt das MIDP einen persistenten Speicher von mindestens 8 Kilobyte Größe zur freien Verfügung der Anwendung (Kapitel 4.1). Für persistente Speicherung von Daten existiert das Record Memory Store (RMS), welches nur im Kontext des Midlets verfügbar ist.

Technisch gesehen ist ein RMS ein Hybrid der bekannten Container-Klasse Map und einer verschlüsselten Datei. Das bedeutet, einmal mit

```
RecordStore rs = RecordStore.openRecordStore(RMS_NAME, true)
```
erzeugt und eingebunden, lässt sich das RMS wie ein Container verwalten.

Der Vorteil von RMS gegenüber dem direkten Dateizugriff ist die Erlaubnis, das es ohne zusätzliche Rechteanfragen erstellt und verwendet werden kann.

Der Nachteil von RMS ist dessen Verwaltung, denn RecordStores (die Elemente des RMS) bestehen nur aus einer laufenden Identifikationsnummer und dem Inhalt in Form eines ByteArrays. Zu speichernde Objekte müssen für das Schreiben ins RMS serialisiert und für das Lesen aus dem RMS deseriallisiert werden um sie als Objekte wieder zu nutzen. Der Wrapper `UserWrap` ist in der Lage diese Aufgaben zu erledigen und somit den Nachteil abzumildern.

In dem obigen Beispiel wurde durch `openRecordStore(RMS_NAME, true)` aufgeführt, dass ein RMS mit dem Name `RMS_NAME` geöffnet wird. Sollte `RMS_NAME` noch nicht existieren, wird es erstellt. Wäre der zweite Parameter `false`, wird das RMS nur zur weiteren Benutzung geöffnet, wenn es schon existiert. Die Methode `openRecordStore()` besteht auch in den Formen:

`openRecordStore(RMS_NAME, true, RecordStore.AUTHMODE_ANY, true)`, um ein RMS zu erstellen, welches auch andere Midlets benutzen dürfen.

Mit `openRecordStore(RMS_NAME, VENDOR, MIDLET_SUITE)`, kann in umgekehrter Richtung auf ein RMS des Midlet `MIDLET_SUITE` vom Besitzer `VENDOR` zugegriffen werden.

Bevor Daten in ein Record Memory Store geschrieben werden, sollte bedacht werden, das die Arbeit mit RMS sehr langsam vonstatten gehen kann, da die JSR 75 nicht vorschreibt, wo das RMS realisiert werden muss. Das kann was bedeuten, das ein RMS bei dem einen Handy in einem Flash Memory, bei einem anderen Handy dagegen in einem batteriegestützten RAM implementiert ist.

Der schnellere Zugriff ist ebenfalls in der JSR 75 definiert und beschreibt die Möglichkeit auf Dateien des öffentlichen Dateisystems zuzugreifen. Dieser Zugriff ist mit erheblichen Beschränkungen verbunden und wird in dieser Arbeit nicht weiter betrachtet. Die File Connection Schnittstelle hat die Auflage, dass das vollständige Midlet signiert sein muss, um den Benutzer nicht mit Sicherheitsanfragen zu überfordern.

9   Implementierung

Die nun zu implementierende MIDP-Applikation mit dem Arbeitstitel „steckrMid-let" soll den in Kapitel 3 gestellten Anforderungen genügen und alle genannten Techniken verwenden. Der Programmeinstiegspunkt ist nach der in Kapitel 4.2 vorgestellten Architektur aufgebaut.

9.1 Midlet

Alle notwendigen Initialisierungen, wie die Bereitstellung der Anzeige und das Laden der Ressourcendatei (Kapitel 7.4), werden im Konstruktor `steckrMidlet()`
vorgenommen, da sie über die volle Laufzeit der Applikation benötigt werden.
Weitergehende Operationen werden in der abgeleiteten `startApp()` Methode
überschrieben. Dazu gehören die Teilmengen des Peers (Kapitel 6.3).

Server und Client sind somit beim Programmstart aktiv, obwohl der Client erst bei
Bedarf durch ein Steuerprogramm (Scheduler), nach dem Fund eines weiteren
Peers, gestartet wird. Der Scheduler verwaltet die Ressource Bluetooth und ver-

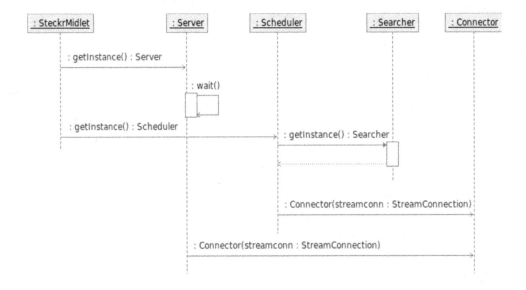

Abbildung 18: Sequenzediagramm der Bluetoothkomponenten

gibt sie abwechselnd an den Sucher und den Client. Der `Searcher` übernimmt die
Suche (Kapitel 6.6) nach weiteren Endgeräten, deren Server den identischen
Dienst anbieten. Nach Beendigung dieser Aufgabe bedient der `Scheduler` den
Client mit einer Liste aller Peers, zu denen eine Verbindung möglich ist.

Die korrekte Ausführung von Aktionen zu einem bestimmten Ereignis ist unter JavaME durch die Verwendung von Threads möglich. Die in Kapitel 6.4 genannte Ei-
genschaft des Servers, blockierend auf eine Verbindung zu warten, erzwingt die
Verwendung von Threads in diesem Fall, um andere Prozesse (Bildschirmausgabe

oder ähnliches) nicht mit zu blockieren. Das Sequenzdiagramm in Abbildung 18 verbildlicht die Ausführungszeitpunkte der einzelnen Komponenten.

Zum Thema „Threads unter JavaME" ist zu erwähnen, das die KVM die Ausführung und Verwaltung von Threads beherrschen muss, laut dem Mobile Interface Device Profile mindestens 10 Threads gleichzeitig. Der Entwickler kann aber nicht wissen, wie der Hersteller von Mobiltelefonen letztendlich diese Anforderung implementiert hat. Mögliche Seiteneffekte, wie Race Conditions sind nicht auszuschließen und zeigen sich leider erst beim Testen auf einem konkretem Gerät.

9.2 Bluetooth

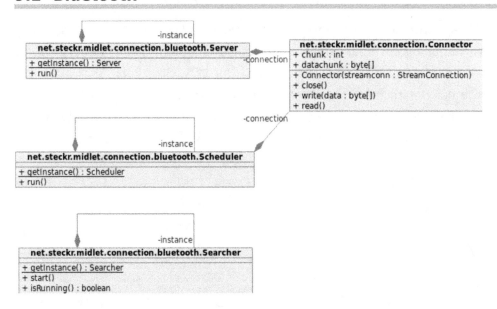

Abbildung 19: UML-Diagramm der Bluetoothkomponenten

Die in Abbildung 18 dargestellten Klassen Server, Scheduler und Searcher sind nach dem Entwurfsmuster Singleton implementiert (Abbildung 19), denn es wäre unangenehm diese Objekte mehr als einmal als jeweils eigenständige Threads geladen zu haben, ganz gleich durch welche Umstände.

- `net.steckr.midlet.connection.bluetooth.Server`
  Der Server stellt das P2P Profil bereit (Kapitel 6.4) und wartet aktiv bis zu einem Verbindungsaufbau. Nach dem Verbindungsende startet sich der Server selbstständig neu.

- `net.steckr.midlet.connection.bluetooth.Searcher`
  Sucht in regelmäßigen Abständen nach Peers die das P2P Profil durch ihren Server anbieten (Kapitel 6.6). Alle gefunden Peers werden dann im Vektor `newMac` (Kapitel 6.7) gespeichert.

- `net.steckr.midlet.connection.bluetooth.Scheduler`

Startet nach einem Suchvorgang den Client (nicht als eigenständige Klasse existent), indem zu allen gefunden Peers aus dem Vektor `newMAC` (Kapitel 6.7) eine Verbindung aufgebaut wird.

■ `net.steckr.midlet.connection.bluetooth.Connector`
Dient als Verbinder der jeweiligen Konterpart eines Peers. Dazu bekommt es als Parameter beim Konstruktoraufruf das jeweils gültige Interface vom Typ `StreamConnection` (Abbildung 7) übermittelt und verwaltet selbstständig, bis zum Verbindungsende, die daraus erstellten Ein- und Ausgabekanäle.

9.3 Datenklassen

Vorerst ist die einzige Information, die über die Peer-Verbindungen ausgetauscht wird, das Benutzerprofil. Zusammenfassend lässt sich sagen, dass sich die vollständige Datenbasis der Applikation, aus der Klassen `Profile` für Benutzerdaten und der Klasse `Device` für einen Peer bildet.

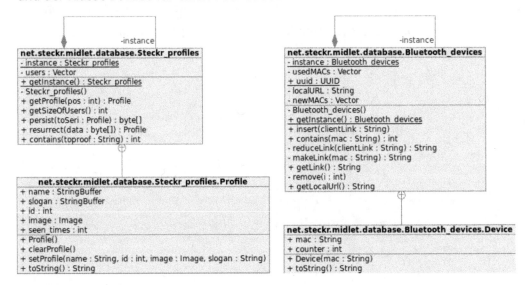

Abbildung 20: Klassen für die Datenbasis

- `net.steckr.midlet.database.Steckr_profiles`
  Wrapper nach Kapitel 8.2. Das Wandeln der Objekte vom Typ Profile geschieht durch die Methode `persist()` (Profile zu ByteArray) und umgekehrt durch `resurrect()` (ByteArray zu Profile).

- `net.steckr.midlet.database.Steckr_profiles.Profile`
  Eingebettete Klasse (Innerclass) in `Steckr_profiles`, da keine Notwendigkeit besteht die Objekte innerhalb der Applikation zu manipulieren. Die einfachen Datentypen dieser Klasse werden durch den Wrapper vermittelt.

- `net.steckr.midlet.database.Bluetooth_devices`
  Instanz zur Verwaltung der Adressen (ähnlich einem Wrapper), welche durch die Container `newMACs` und `usedMACs` die Objekte kapselt. Gewonnen werden die MAC Adressen aus den übergebenen URLs durch die Methode

`insert(clientLink)`. Die benötigten URLs für den Verbindungsaufbau, werden einzeln durch `getLink()` generiert, falls vorher weitere Peers gefunden wurden.

- `net.steckr.midlet.database.Bluetooth_devices.Device`
  Ebenfalls eine eingebettete Klasse (Innerclass) in `Bluetooth_devices` und repräsentiert einen einzelnen Peer. Wie in Kapitel 6.7 beschrieben, wird ein Peer vollständig durch seine MAC Adresse definiert. Ein weiteres Attribut (`counter`) hilft bei der zeitlichen Zuordnung der Funde, da die Suche in einem gleich bleibenden Rhythmus wiederholt wird.

9.4 Graphical User Interface

Eine optisch ansprechende Benutzerschnittstelle soll durch das GUI-Toolkit lwuit
(Kapitel 7.4) realisiert werden. Der Quelltext auf Seite 45 zeigt die Initialisierungs-
schritte für die Dekoration des Bildschirms nach einem individuellen Thema. Den
Aufbau für das zu dekorierende Formular, gibt die Vorlage `SteckrScreenTempla-`
`te` vor, in dem sie ein Form definiert, welches für die abgeleiteten Klassen zur
Verfügung steht.

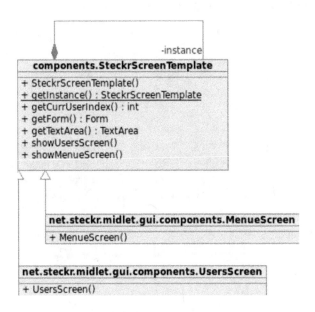

Abbildung 21: GUI Klassenmodell

- `net.steckr.midlet.gui.components.SteckrScreenTemplate`
  Konstruiert und platziert Elemente des lwuit auf dem Bildschirm und stellt
  sie den abgeleiteten Klassen jeweils zur Verfügung, beispielsweise durch
  `showUsersScreen()` oder `showMenueScreen()`. Auf diese Weise ist sicher-
  gestellt, dass das Formular immer befüllt ist.

- `net.steckr.midlet.gui.components.UsersScreen` und
  `net.steckr.midlet.gui.components.MenueScreen`
  sind abgeleitete Klassen von `SteckrScreenTemplate`, die durch einen einfachen Aufruf aus der oberen Klasse geladen und gelöscht werden können.
  Weitere `Screen` können auf die selbe Art und Weise der Applikation hinzu-
  gefügt werden.

9.5 Fertigstellung

In Kapitel 5.4 ist die Möglichkeit genannt worden, ein Midlet zu kompilieren. An dieser Stelle soll erläutert werden, wie das Midlet mit den Benutzerdaten (Kapitel 3.3) präpariert wird und schließlich zu seinem Bestimmungsort gelangt und dort installiert wird.

Die Benutzerdaten werden durch ein Java Applet angenommen und zu einer einzigen Binärdatei gewandelt und zwar in der selben Form, wie der Wrapper (Abbildung 16 und 17) sie verarbeitet. Dieses Applet nimmt die Parameter Identifikationsnummer, Name, Signatur und den Dateipfad zu einem Foto entgegen und erzeugt die Binärdatei, die später in das fertige Midlet verschoben wird. Diese Vorgehensweise erspart das jeweilige Neukompilieren und Vorprüfen des Midlets, da es außer der Binärdatei nicht verändert wird.

Die Funktion für das Laden der Benutzerdaten erwartet diese an der Stelle „`/res/ownProfile.bin`" im Jar-Archiv. Diese Erwartung kann erfüllt werden, indem mit dem Konsolenbefehl `jar uvf SteckrMidlet.jar res/ ownProfile.-bin` die Binärdatei inklusive Pfadangabe in das Archiv geschoben wird.

Damit diese Operation irreversibel und das Midlet insgesamt komprimiert wird, wird abschließend der Obfuscator (Kapitel 5.3) eingesetzt. Der Obfuscator Pro-Guard ist über Konfigurationen steuerbar, welche Optimierungen er vornehmen soll, beziehungsweise welche Optimierungen er unterlassen soll.

Wie in Kapitel 3.1 beschrieben wird diese Arbeit durch ein Script übernommen, um auf automatische Art und Weise die bestehenden Benutzerdaten eines Sozialen Netzwerks in das Midlet zu überführen.

```
#! /bin/sh
#
## Shell-Script (Linux) zur Erstellung der vollständigen
## Midlet-Suite
#
# Parameter:
# $1 : Benutzername
# $2 : vorl. ID-Nummer
# $3 : Pfad zur Bilddatei
# $4 : Slogan
##
```

```
# Erzeuge serielle Profildatei (ownProfile.bin)
# mit den Übergabeparametern
java -jar JavaProfileFileStreamer.jar $1 $2 $3 $4

# Verschiebe Profil in das Midlet Archiv (JAR)
mv ownProfile.bin res/
jar uvf path_to_MIDLET/SteckrMidlet.jar res/ownProfile.bin

# Starte Obfuscator mit eigener Konfiguration
java -jar obfuscator/proguard/lib/proguard.jar @steckr_obfConf.pro

# Individuelle Umbenennung (_Name) der Midlet-Suite
mv SteckrMidlet_OBF.jar SteckrMobile_$1.jar
cp Temp_Midlet_JAD.jad SteckrMobile_$1.jad

# Anpassung der Midlet-Eigenschaften in der
# Beschreibungsdatei (JAD)
echo MIDlet-Jar-Size: `ls -al SteckrMidlet_OBF.jar | awk '{print
$5}'` >> SteckrMobile_$1.jad
echo MIDlet-Jar-URL: SteckrMobile_$1.jar >> SteckrMobile_$1.jad

echo SteckrMobile_$1 ist fertig zur Auslieferung!
```

Anschließend ist das Midlet bereit zur Auslieferung an den Endbenutzer.

Midlets können auf vielfältige Art und Weise auf das Handy gelangen. Die einfachste Variante ist das Kopieren der jar-Datei auf das Dateisystem des Handys. Wird die Datei dann aufgerufen, veranlasst der Aufruf die AMS, dieses ordentlich zu installieren. Dieses Verhalten ist in den meisten Mobilgeräten implementiert. Eine weitere Installationsvariante ist über die Verwaltungssoftware des Handyherstellers auf dem PC möglich. Voraussetzung dazu ist die Anbindung des Handys an den PC per Datenkabel oder Bluetooth.

Der von JavaME präferierte Weg ist das Herunterladen der Beschreibungsdatei (jad-Datei) über die Kommunikationskanäle des Mobilfunkbetreibers aus dem Internet. Nachdem die AMS die Beschreibungsdatei interpretiert und sich die Erlaubnis zur Installation beim Benutzer eingeholt hat, lädt sie die eigentliche Anwendung (jar-Datei) selbstständig über den selben Kommunikationskanal nach.

10 Test

Das Testen von Anwendungen ist eine der wichtigsten Aufgaben bei der Software-entwicklung und bedarf großer Sorgfalt, um den Anwender bei der Benutzung der Software nicht zu frustrieren oder sein Gerät zu beschädigen. Leider ist dieses hehre Ziel, durch die Vielzahl an Endgeräten nicht leicht zu erreichen, da sie durch ihre individuellen JavaME-Implementierungen unterschiedliches Verhalten aufweisen.

Für ein möglichst standardkonformes Verhalten, empfiehlt sich der Emulator aus dem Wireless Toolkit von Sun Microsystems.

```
emulator -Xdescriptor:SteckrMidlet.jad
```

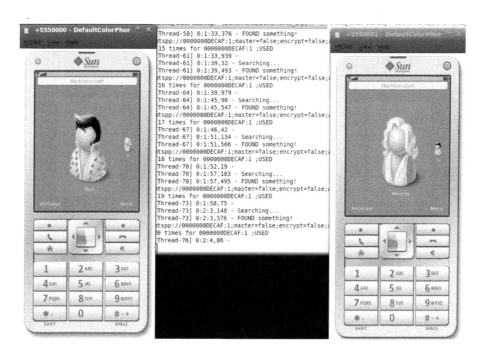

Abbildung 22: Zwei Emulatorinstanzen inklusive ihrer individuellen Profile

Verwendete Benutzerbilder von http://www.iconka.com/free/

Durch diese Befehlseingabe auf einer Konsole ist es ebenfalls möglich, Debu-ging-Informationen mit Hilfe von System.out.print() auf der Standardausgabe

(Konsole) ausgeben zu lassen. Eine solche Standardausgabe existiert bei den realen Endgeräten später nicht.

Ein weiterer Vorteil, der sich aus der Benutzung des WTK-Emulator ergibt, ist das unkomplizierte Testen der Bluetooth-Funktionalität. Nicht alle verfügbaren Emulatoren sind in der Lage eine virtuelle Bluetooth-Verbindung zwischen mehreren Emulatorinstanzen herzustellen.

Viele Handyhersteller stellen eigene Emulatoren, im Rahmen eines vollständigen Software Developing Kit (SDK), zur Verfügung. Für ein allgemein lauffähiges Midlet sollten diese SDK gemieden werden, um nicht Gefahr zu laufen, auf ein spezielles Gerät hin zu entwickeln.

11 Fazit

Die hier vorgestellte Applikation ist in der Lage, dem Benutzer weitere Personen aus seinem Nahfunkbereich darzustellen, sofern sie die gleiche Anwendung nutzen. Diese Funktion wird alleine dadurch erreicht, dass die Handys der Benutzer ihre Daten automatisch über eine drahtlose Funkschnittstelle austauschen. Mit dem in der Anwendung angelegten repräsentativen und individuellen Datensatz ist der Benutzer im Netzwerk „sichtbar" ohne „online gehen" zu müssen. Die wesentliche Grundlage für ein soziales Netzwerk ist somit umgesetzt worden.

Java-Anwendungen für MIDP-Geräte eröffnen vielfältige Möglichkeiten. Die Virtuelle Maschine macht ein solches Gerät fit für den mobilen Einsatz, die Bluetooth-Schnittstelle ist stark verbreitet und lässt sich unkompliziert benutzen, Speichermöglichkeiten sind gegeben und die grafische Darstellung lässt sich ansprechend erweitern.

Die Verwendung von JavaME als Plattform bringt allerdings auch einige Schwierigkeiten mit sich. Durch die Vielfalt der mobilen Gerätearten, die JavaME abdeckt, wird der Entwickler bei jedem Projekt zu einem Drahtseilakt gezwungen, um eine große Anzahl Benutzer zu erreichen. Eine einfache, etablierte Plattform wie bei einem „Wintel" PC (Personal Computer mit Intel Architektur und Windows Betriebssystem) liegt bei „Embedded Devices" nicht vor. Die Akronyme CLDC, CDC, MIDP, MSA, KVM und AMS in unterschiedlichen Versionen tragen nicht dazu bei, dem Endnutzer die Anforderungen einer Software verständlich zu machen und der Entwickler muss sich damit abfinden, dass sich seine Anwendung auf unterschiedlichen Endgeräten unterschiedlich verhalten wird.

Hier sollte Sun Microsystems die Lizenzvergabe für JavaME-Produkte konsequenter überwachen und die Unterscheidung in Configurations und Profiles aufgeben, damit sich JavaME für Gerätehersteller, Entwickler und Benutzer übersichtlicher darstellt.

Die vorgestellte Anwendung bietet im Moment nur Grundfunktionen. Der nächste Schritt wäre es, die Applikation zu erweitern, indem zusätzliche Dienste etablierter Sozialer Netzwerke implementiert werden. Insbesondere der Austausch von

Objekten wie Textnachrichten, Sprachnachrichten, Liedern oder ähnlichem soll in Zukunft ermöglicht werden.

Ebenfalls würde der Nutzwert enorm gesteigert, wenn die beschränkte Reichweite von Bluetooth erhöht werden könnte. Dazu ist angedacht, den Peers ein Protokoll für die Weiterleitung von Datenpaketen beizubringen.

Die Möglichkeit, die Applikation mit diesen neuen Funktionen auszustatten, besteht und wurde schon beim Entwurf ins Auge gefasst. Sie nachträglich zu implementieren ist nicht schwerer als bei klassischen Java-Projekten.

Die vorliegende Arbeit zeigt, dass es möglich ist, ein Soziales Netzwerk zum Einsatz auf mobilen Endgeräten mittels des Peer-to-Peer-Modells zu unterhalten. Der Einsatz dieser und weiterer alternativer Technologien schöpft das Potential mobiler Endgeräte in größeren Umfang aus, als es bei bestehenden Konzepten der Fall ist.

12 Anhang

Abkürzungsverzeichnis

	Kürzel	Beschreibung
A	AMS	Application Management Software
	API	Application Programming Interface
	AT	Attention (Modem Befehle)
C	CDC	Connected Device Configuration
	CLDC	Connected, Limited Device Configuration
G	GFC	Generic Connection Framework
	GUI	Grafical User Interface
I	IDE	Integrated Desktop Environment
J	J2ME	siehe JavaME
	JavaME	Java Plattform Mobile Edition
	JavaSE	Java Plattform Second Edition
	JCP	Java Community Process
	JDK	Java Development Kit
	JSR	Java Specification Requests
	JVM	Java Virtual Machine
K	KVM	K Virtual Machine
L	L2CAP	Logical Link Control and Adaptation Layer Protocol
	lcdui	liquid crystal display user interface
	LMP	Link Management Protocol
	lwuit	Lightweight User Interface Toolkit
M	MAC	Media Access Control
	MIDP	Mobile Information Device Profile
O	OBEX	Object Exchange
P	P2P	Point to Point
	PIN	Personal Identification Number
R	RAM	Random-Access Memory
	RFCOMM	Radio Frequency Communication
	RMS	Record Memory Store
S	SDDB	Service Description Database
	SDP	Session Description Protocol
	SUN	Stanford University Network Microsystems
U	URL	Uniform Resource Locator
	UUID	Universally Unique Identifier
W	WTK	Wireless Toolkit

Literaturverzeichnis

Apple: press release : Apple's App Store downloads top two billion (28.09.2009), URL: http://www.apple.com/pr/library/2009/09/28appstoe.html (Abgerufen am 20.11.2009)

Biggs, Wes; Evans, Harry: Synclast UI API, URL: http://www.synclast.com/ui_api.jsp (Abgerufen am 20.11.2009)

Bluetooth SIG: Bluetooth Wireless-Technologie : Profile, URL: http://german.bluetooth.com/Bluetooth/Technology/Works/Profiles_Overview.htm (Abgerufen am 20.11.2009)

Breymann, Ulrich; Mosemann, Heiko: Java ME : Anwendungsentwicklung für Handys, PDA und Co. - 2., aktualisierte und erweiterte Auflage - München: Hanser, 2008; ISBN 978-3-446-41376-4

Compass Heading: Analyse der Nutzerzahlen Sozialer Netzwerke (02.09.2009), URL: http://www.compassheading.de/cms/tag/nutzerzahlen/ (Abgerufen am 20.11.2009)

Eclipse ME: J2ME development using Eclipse, URL: http://eclipseme.org/ (Abgerufen am 20.11.2009)

Enough Software: J2ME Polish, URL: http://www.j2mepolish.org/cms/ (Abgerufen am 20.11.2009)

Fügemann, Florian: pressetext : iPhone-Software bringt Apple eine Mio. Dollar Umsatz am Tag (11.08.2008), URL: http://www.pressetext.de/news/080811015/iphone-software-bringt-apple-eine-mio-dollar-umsatz-am-tag/

Haustein, Stefan; Kroll, Michael: kAWT : An abstract window toolkit for the J2ME CLDC KVM, URL: http://www.kawt.de (Abgerufen am 20.11.2009)

Hein, Ludwig: Bluetooth : Die Grundlagen (03.10.2006), URL: http://www.all-a-bout-security.de/security-artikel/endpoint-sicherheit/mobile-computing-und-pdas/artikel/282-bluetooth-die-grundlagen/ (Abgerufen am 20.11.2009)

International Telecommunication Union: The World in 2009 : Information and communication technology facts and figures (06.10.2009), URL: http://www.i-tu.int/ITU-D/ict/material/Telecom09_flyer.pdf (Abgerufen am 20.11.2009)

Internet Mail Consortium: vCard : The electrinic business card (01.01.1997), URL: http://www.imc.org/pdi/vcardwhite.html (abgerufen am 20.11.2009)

Knudsen, Jonathan: Kicking Butt with MIDP and MSA : Creating Great Mobile Applications. - Boston, Mass. : Addison-Wesley (2008); ISBN 978-0-321-46342-5

Knudsen, Jonathan; Li, Sing: Beginning J2ME Platform: From Novice to Profes-sional. - 3. ed. - Berkeley, Calif. : apress (2005); ISBN 978-1-59059-479-7

Lafortune, Eric: ProGuard, URL: http://proguard.sourceforge.net/ (Abgerufen am 20.11.2009)

O2 online: Internet-Pack-M : Die Flatrate für Handy-Surfer, URL: http://por-tal.o2online.de/nw/active/handy/handy-surfen.html (Abgerufen am 20.11.2009)

Ortiz, C. Enrique: Using the Java APIs for Bluetooth : Part 2 - Putting the Core APIs to Work (01.02.2005), URL: http://developers.sun.com/mobility/apis/articles/bluetoothcore/ (Abgerufen am 20.11.2009)

Ritter, Simon: What's New in JavaME : MIDP 3.0, BluRay, LWUIT and more (2009), URL: http://developers.sun.com/events/techdays/presentations/locations-2008/saopaulo/java_socialcomputing/td_br_javamebluray_ritter.pdf (Abgerufen am 20.11.2009)

Schmatz, Klaus-Dieter: Java Micro Edition, Entwicklung mobiler Java ME-Anwendungen mit CLDC und MIDP. - 2., aktualisierte und erweiterte Aufl. - Heidelberg : dpunkt-Verl. (2007); ISBN 978-3-89864-418-1

Shankland, Stephen: Sun starts bidding adieu to mobile-specific Java (19.10.2007), URL: http://news.cnet.com/8301-13580_3-9800679-39.html?Part=rss&subj=news&tag=2547-1_3-0-5 (Abgerufen am 20.11.2009)

Sun Microsystems: Java Specification Request for JavaME, URL: http://java.sun.com/javame/technology/jcp.jsp (Abgerufen am 20.11.2009)

Sun Microsystems: Java Specification Requests JSR 118 : Mobile Information Device Profile 2.0, URL: http://jcp.org/en/jsr/detail?id=118 (Abgerufen am 20.11.2009)

Sun Microsystems: Java Specification Requests JSR 139 : Connected Limited Device Configuration 1.1, URL: http://jcp.org/en/jsr/detail?id=139 (Abgerufen am 20.11.2009)

Sun Microsystems: Sun Java Wireless Toolkit for CLDC, URL: http://java.sun.com/products/sjwtoolkit/download.html (Abgerufen am 20.11.2009)

Sun Microsystems: lwuit Home : The Lightweight UI Toolkit, URL: https://lwuit.dev.java.net/ (Abgerufen am 20.11.2009)

Sun Microsystems: NetBeans Java ME development, URL: http://netbeans.org/features/javame/index.html (Abgerufen am 20.11.2009)

Sun Microsystems: Package : javax.microedition.lcdui, URL: http://java.sun.-com/javame/reference/apis/jsr118/javax/microedition/lcdui/package-summary.html (Abgerufen am 20.11.2009)

VeriSign: Sun Java Signing, URL: https://knowledge.verisign.com/support/code-signing-support/index?page=content&id=AR185 (Abgerufen am 20.11.2009)

yWorks: yGuard - Java Bytecode Obfuscator and Shrinker, URL: http://www.y-works.com/en/products_yguard_about.htm (Abgerufen am 20.11.2009)

Zelix: Obfuscating J2ME MIDlets using Zelix KlassMaster, URL: http://www.zelix.-com/ klassmaster/docs/tutorials/j2meTutorial.html (Abgerufen am 20.11.2009)

www.ingramcontent.com/pod-product-compliance
Lightning Source LLC
LaVergne TN
LVHW080104070326
832902LV00014B/2406